Diercke Geographie

für Thüringen

Klasse 10 Gymnasium

Moderatorinnen:
Notburga Protze, Halle
Margit Colditz, Halle

Autoren:
Margit Colditz, Halle
Notburga Protze, Halle
Hartwig Ramm, Ilmenau
Thomas Rößner, Erfurt
Siegfried Stritzel, Nordhausen
Bernd Wienrich, Nordhausen

Die Kapitel im Buch enthalten Zeichen zur Orientierung:

 Hier werden wichtige Arbeitsweisen erklärt.

 Hier werden wichtige Informationen gegeben.

 Diese Seiten enthalten fächerübergreifende Themen.

 Hier wird gegrübelt und getüftelt.

1. Auflage Druck   5   4   3   2   1
Herstellungsjahr   2008   2007   2006   2005   2004
Alle Drucke dieser Auflage können im Unterricht
parallel verwendet werden.

© Westermann Schulbuchverlag GmbH, Braunschweig 2004
www.westermann.de

Verlagslektorat: Dr. Markus Berger, Rosita Ahrend
Herstellung: Gisela Halstenbach
Druck und Bindung: westermann druck GmbH, Braunschweig

ISBN 3-14-**14 4796-9**

Inhalt

Struktur und Entwicklung von Landschaft — 4

Der Mensch als Nutzer und Gestalter 6
System der Geofaktoren 10
Methode: Textanalyse 15
Geofaktor Klima 16
Methode: Arbeit mit der Wetterkarte 22
Klimawandel 24
Geofaktor Boden 28
Bodentypen 30
Bodenerosion – Fallbeispiele 34
Methode: Bodenpraktikum 36
Grübeln und Tüfteln 38
Das Wichtigste kurz gefasst 39

Anthropogene Eingriffe — 40

Eingriffe durch Bergbau 42
Eingriffe in das Gewässernetz 46
Fallbeispiele: Rhein und Havel 48
Elbhochwasser – eine länderübergreifende Katastrophe ... 50
Talsperrenbau 52
Eingriffe durch Land- und Forstwirtschaft 54
Eingriffe durch Verkehrserschließung 58
Grübeln und Tüfteln 62
Das Wichtigste kurz gefasst 63

Raumplanung – Mittel des Interessenausgleichs — 64

Ziele und Instrumente der Raumordnung 66
Raumplanung in einem Schutzgebiet 72
Verkehrsplanung 76
Strukturwandel in Erfurt und seinem Umland 80
Grübeln und Tüfteln 84
Das Wichtigste kurz gefasst 85

Exkursion — 86

Methode: Exkursion 88
Exkursionsraum Thüringen: Naturraum 90
Exkursionsraum Thüringen:
Wirtschafts- und Sozialstrukturen 94
Methodenpool:
Stadtökologische Untersuchungen 98
Gesteinsbestimmung 100
Interviews und Befragungen 102
Arbeit mit Karten und Statistiken 104
Verkehrszählung 106
Grübeln und Tüfteln 108
Das Wichtigste kurz gefasst 109

Minilexikon 126
Bildnachweis 128

Agrarlandschaft im Norddeutschen Tiefland

Struktur und Entwicklung von Landschaft

Der Mensch als Nutzer und Gestalter

Aufgaben

1. Zeige an Beispielen aus deiner Heimatregion auf, wie der Mensch in unterschiedliche Bereiche der Natur eingreift.

2. Die Jahrhundertflut in Sachsen 2002 war auch eine Folge menschlicher Eingriffe. – Suche nach Belegen für diese These.

3. Werte die Karikatur (Abb. 3) aus.

Mensch und Natur – zum Umgang mit Landschaft

Der Mensch hat sich seit Darwins Zeiten damit vertraut gemacht, dass er ein Teil der Natur ist. Wir haben seit der Herstellung der ersten Werkzeuge und der Beherrschung des Feuers die Erfahrung, dass wir – stets auf der Suche nach „günstigen" Lebensräumen – mit Hilfe von Technik unser Schicksal selbst in die Hand nehmen und gestalten können.

Das Problem der Beziehungen zwischen Natur-Mensch-Gesellschaft ist eines der fundamentalen Grundprobleme der Gegenwart. Fest steht, dass sich die naturgegebenen Stoffsysteme der geographischen Erdhülle durch menschliche Eingriffe in vielfältiger Weise verändert haben. Durch insbesondere die wirtschaftliche und siedlungsgemäße Nutzung der ursprünglichen Naturlandschaft durch menschliche Gruppen und Gesellschaften entstand die **Kulturlandschaft.** Sie erhielt ihre regionale Ausprägung durch die Wohnfunktion (Art und Verteilung der menschlichen Siedlungen), Art der wirtschaftlichen Tätigkeit (agrarische Landnutzung, Rohstoffgewinnung, Industrie und Gewerbe) und Ausbildung des Verkehrsnetzes. Die Realisierung der menschlichen Grunddaseinsfunktionen (in Gemeinschaft leben, wohnen, arbeiten, sich versorgen, sich bilden, Freizeitverhalten) hat zu einer Veränderung der (natur)gesetzlich geordneten stofflichen Zusammensetzung und zu einer Veränderung der Dynamik, also der Prozesse nach Art und Intensität, geführt. – Dies wird nachfolgend an einzelnen Beispielen verdeutlicht.

(nach: www.theo.tu-cottbus.de/wolke/deu/themen/992/ Steinhardt/steinhardt1.html, Stand: 18.06.02)

1/2: Landschaft naturnah und vom Menschen verändert – Bett und Ufer eines Wiesenflusses

Struktur und Entwicklung von Landschaft

3: Karikatur: Stoffwechsel Mensch-Natur

1: Klimadiagramm von Messina

Von der Natur- zur Kulturlandschaft im Mittelmeerraum

Der Mittelmeerraum wird durch die Besonderheiten des subtropischen **Klimas**, insbesondere der Sommertrockenheit und der Winterfeuchte, geprägt. Unter diesen Bedingungen bildete sich die ursprüngliche Vegetation heraus. Zu deren typischen Nadelgehölzen gehören die Pinien und Zypressen, während die Stein- und Korkeichen weit verbreitete Laubgehölze darstellen. Diese Gehölze bilden die immergrünen Hartlaubwälder, die früher weite Teile des Mittelmeerraumes bedeckten. Doch der bereits seit 3000 Jahren andauernde Raubbau durch Abholzen, Abbrennen und zu starkes Beweiden blieb nicht ohne Folgen für die Naturlandschaft. Der Grundwasserspiegel sank, der Boden wurde abgespült und der Pflanzenwuchs nahm ab. Anstelle der einst zusammenhängenden Wälder treten heute nur noch Baumgruppen oder Einzelbäume auf, es dominiert flächenhaft der frühere Unterwuchs. Er besteht aus einer zwei bis vier Meter hohen Pflanzenschicht, der Macchie. Sie setzt sich aus harten, dornigen Sträuchern, Lorbeer, Myrte, Wacholder und Ginster zusammen, die oft ein undurchdringliches Dickicht bilden. Diese Pflanzen passen sich durch ihre speziellen Eigenschaften, wie tief greifende Wurzeln, schmale, lederartige Blätter, der Sommertrockenheit und der unterbrochenen Vegetationszeit an.

Durch die Eingriffe des Menschen bietet sich uns heute eine Kulturlandschaft dar, die nur noch Reste der ursprünglichen Pflanzenwelt aufweist.

2: Macchie

3: Mittelmeerlandschaft

Aufgaben

1. Erläutere anhand des Klimas von Messina die typischen Merkmale des Mittelmeerklimas.

2. Stelle eine Kausalreihe zusammen, die die Folgen der Entwaldung wiedergibt.

Struktur und Entwicklung von Landschaft

Nutzung der Subtropen im Wandel

Der Mittelmeerraum ist ein landwirtschaftlicher Gunstraum. Seit Beginn der Industrialisierung vor mehr als 100 Jahren nehmen die landwirtschaftlich genutzten Flächen jedoch ständig ab. Seit dem Beitritt zur EU gewinnt das Brachfallen von Flächen noch an Geschwindigkeit. Insbesondere traditionelle Landnutzungsstrategien werden zu Gunsten einer intensiven, monokulturellen und exportorientierten Bewirtschaftung aufgegeben. So hat das Zurückweichen des Trockenfeldbaus von Oliven, Mandeln und Getreide großen Einfluss auf Boden und Klima.

4: Ölbaum

Intensivierung der Landwirtschaft durch Plastiklandschaften

Der Unterfolien-Anbau ist äußerst rentabel und im südlichen Mittelmeerraum weit verbreitet. Die schnelle Entwicklung dieser Nutzungsform hat zur parallelen Entwicklung eines sekundären Sektors der landwirtschaftlichen Zulieferindustrie geführt. Von ca. 110 000 ha Fläche unter Plastik im gesamten Mittelmeerraum befinden sich ca. 30 000 ha allein in der Region Almería/Spanien. Unkontrolliert werden Gewächshäuser auf künstlichen Terrassen angelegt. Jährlich fallen Tausende Tonnen Müll an. Die Landschaft hat ihren ursprünglichen Charakter verloren. In jüngster Zeit hat die weltweite Nachhaltigkeits-Diskussion auch die Plastiklandschaften der Provinz Almería erreicht.

(Quelle: Praxis Geographie 3/2002, S. 17)

Aufgaben

3. Begutachte die Umweltverträglichkeit der landwirtschaftlichen Nutzung der Subtropen.

4. Entwickelt Lösungsansätze für eine nachhaltige Nutzung der Kulturlandschaft durch Gewächshausanbau.

5: Gewächshauslandschaft an der Costa del Sol

System der Geofaktoren

Aufgaben

1. Beschreibe die Lage der Landschaftszonen unter Nutzung der Übersicht auf den Seiten 12/13.

2. Das Landschaftskomponentenmodell ist eine Möglichkeit, die Zusammenhänge zwischen den Geofaktoren und den Einfluss der menschlichen Gesellschaft in einem Schema (Wirkungsgefüge) zu verdeutlichen. Nenne Beispiele für das Zusammenwirken der Geofaktoren in einem ausgewählten Naturraum. Beachte dabei den möglichen menschlichen Einfluss.

Die geographischen Zonen – Ergebnis des Zusammenspiels natürlicher Faktoren

Unter geographischen Zonen versteht man große Landschaftsgebiete der Erde mit typischen Naturmerkmalen, die sich annähernd breitenparallel über das Festland ziehen. Diese Naturräume unterscheiden sich insbesondere durch die unterschiedliche Ausprägung der **Geofaktoren** Klima, Vegetation, Tierwelt, Wasser, geologischer Bau, Relief und ihrem komplexen Zusammenspiel.

Die geographischen Zonen werden auch als Landschaftszonen bzw. Landschaftsgürtel bezeichnet. Die Zonierung stellt den Versuch dar, die Erde trotz aller kleinräumiger Vielfalt in wenige Großräume mit einem relativ einheitlichen Charakter und einer ähnlichen naturräumlichen Ausstattung zu unterteilen. Die unterschiedlichen geographischen Zonen setzen sich aus Großlandschaften zusammen, die ihrerseits wieder aus zahllosen Ökotopen (kleine homogene Raumeinheiten, z.B. See, Wiese) aufgebaut sind.

Das Landschaftskomponentenmodell ist eine Möglichkeit, die Zusammenhänge zwischen den Geofaktoren in einem Schema zu verdeutlichen.

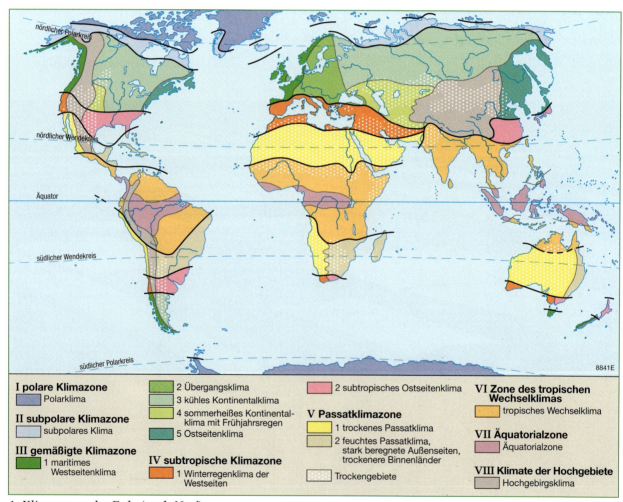

1: Klimazonen der Erde (nach Neef)

Struktur und Entwicklung von Landschaft

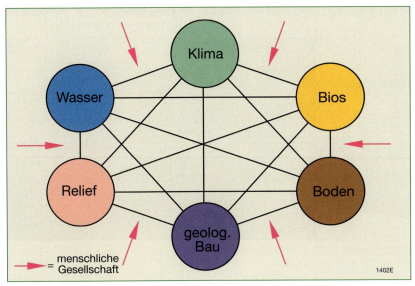

Merkmale von Geofaktoren

Klima: Temperatur, Niederschlag, Luftdruck, Luftmassen
Wasser: Gewässernetz, Wasserkreislauf, Wasserbilanz (humid, arid)
Relief: Oberflächenformen (z.B. Gebirge, Tiefland), Verwitterung, endogene und exogene Kräfte
Boden: Bodenarten, Bodentypen (Bodenprofile)
Vegetation: Pflanzenformationen, Vegetationsperiode, Nutzpflanzen

2: Landschaftskomponentenmodell

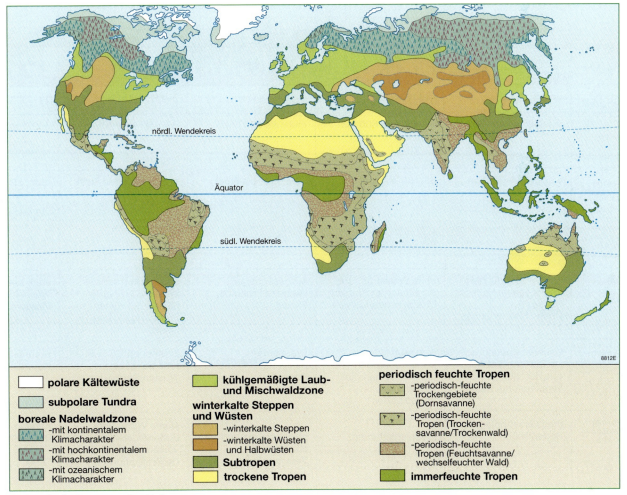

3: Landschaftszonen der Erde

	subpolare Tundra	boreale Nadelwaldzone	kühlgemäßigte Laub- und Mischwaldzone	winterkalte Steppen und Wüsten	Subtropen
Vegetation	Tundra	borealer Nadelwald (Taiga)	sommergrüner Laub- und Mischwald	Steppe bis übermannshohes Gras	Hartlaubgeh (mediterrane Vegetation)
Jahres-temperatur	unter –15 °C	–15 °C–0 °C	6–14 °C	3–8 °C	14–21 °C
Nieder-schlag	weniger als 300 mm	weniger als 600 mm	mehr als 600 mm	weniger als 600 mm	400-1000 m im Sommer trock Niederschlag (Wi
Wachs-tumszeit	weniger als 30 Tage	30-180 Tage	mehr als 180 Tage	weniger als 180 Tage	mehr als 15(
Pflanzen-wachstum einge-schränkt durch	Kälte				
Wasser-haushalt	hohe Wasserführung der Flüsse im Frühjahr Eisstau Überschwemmungen	hohe Wasserführung der Flüsse im Frühjahr Überschwemmungen	ausgeglichene Wasserführung der Flüsse	stark periodische Wasserführung der Flüsse, in Wüsten Fremdlingsflüsse, Oasen	stark period Wasserführu Flüsse
Boden	Dauerfrostboden taut im Frühjahr/Sommer oberflächlich auf, Versumpfung, Moore	verbreitet Dauerfrostboden taut im Frühjahr auf, Waldmoore Podsolboden	Braunerden Fahlerden Podsole z. T. Moore	in Steppen Schwarz-erde auf Löss, in Wüsten Salzböden	Braunerden Roterden au
Formen bildende Kräfte	Frostverwitterung Bodenfließen	Frostverwitterung	physikalische und chemische Verwitterung	starke Wind- und Bodenerosion Versalzung Desertifikation	Karsterschei Bodenabspü

Anmerkung: Die Zone der polaren Kältewüste nimmt innerhalb der geogr. Zonen eine Sonderstellung ein, auf ihre Darstellung musste an dieser Stelle verzichtet

Struktur und Entwicklung von Landschaft

trockene Tropen	periodisch feuchte Tropen				immerfeuchte Tropen
Wüste und Halbwüste	Dornsavanne kniehohes Gras, Sträucher, vereinzelt Bäume	Trockensavanne brusthohes Gras, Bäume	Feuchtsavanne übermannshohes Gras, Baumgruppen Wälder		tropischer Regenwald
8–28 °C	21–28 °C	22–28 °C	23–28 °C		ca. 26 °C
weniger als 250 mm sehr kurze Regenzeit, oft Dürre	250-500 mm bis 4 Monate Regenzeit, oft Dürre	500-1000 mm 4-6 Monate Regenzeit	über 1000 mm 6-10 Monate Regenzeit		über 1500 mm ganzjährig feucht
weniger als 60 Tage	weniger als 180 Tage	mehr als 180 Tage	mehr als 300 Tage		ganzjährig
Trockenheit					
hohe Verdunstung Fremdlingsflüsse Oasen Wadis Wassermangel	periodische Wasserführung der Flüsse starke Wasserschwankung der Seen	Flüsse mit stark schwankender Wasserführung	Flüsse mit schwankender Wasserführung		wasserreiche Flusssysteme Wasserüberschuss Sümpfe
keine Bodenbildung Versalzung	vorherrschend eisenoxidreiche rote Savannenböden mit unterschiedlichem Humusgehalt; Trockenrisse				mächtige eisenoxidreiche Roterden, geringe Humusbildung
starke physikalische Verwitterung Salzkrusten Windabtragung	überwiegend physikalische Verwitterung Desertifikation	physikalische und chemische Verwitterung	überwiegend chemische Verwitterung Flächenabspülung		starke chemische Verwitterung

Aufgaben

1. Nenne globale Probleme der Menschheit. Ordne ihnen aktuelle Ereignisse zu.

2. Analysiere den Text auf Seite 15. Orientiere dich an den vorgeschlagenen Schritten.

Ökosystem Erde in Gefahr

Das weltweite menschliche Handeln hatte noch nie einen so bedrohlichen Einfluss auf das Ökosystem Erde wie heute. Klimawandel, Bodenerosion, Wasserknappheit oder Verlust der Artenvielfalt (Abb. 1) beeinflussen direkt oder indirekt die Lebensgrundlagen vieler Menschen auf der Erde. Mehr denn je kommt es deshalb heutzutage darauf an, die den globalen Veränderungen zugrunde liegenden natürlichen und anthropogenen Prozesse in ihrem wechselseitigen Zusammenwirken zu erforschen, um Schlussfolgerungen für einen nachhaltigeren Umgang der Menschheit mit der Umwelt ziehen zu können.

Natursphäre
(Teilsysteme sind: Atmo-, Hydro-, Litho-, Pedo- und Biosphäre)

- Klimaänderungen und Auswirkungen auf Mensch und Natur
- Bodendegradation/Desertifikation
- Verlust der Artenvielfalt
- Verschmutzung und Übernutzung der Ozeane
- Verknappung und Verschmutzung von Süßwasser

Anthroposphäre
(Menschheit mit ihren Aktivitäten und Produkten)

- Bevölkerungswachstum, Urbanisierung, Migration
- Gesundheitsgefährdungen
- Gefährdung der Ernährungssicherheit
- Entwicklungsdisparitäten
- Verstärkung nicht nachhaltiger Lebensstile

1: Probleme der Menschheit

2: Bodenzerstörung durch Übernutzung auf allen Kontinenten (hier im Sudan)

3: Gefährdung der Ernährungssicherheit in weiten Teilen der Welt

Methode: Textanalyse

Lesekompetenz

Das ist viel mehr als nur lesen zu können. Darunter wird die Fähigkeit verstanden, verschiedene Arten von Texten (fortlaufend geschriebene Texte und auch bildhafte Darstellungen wie Diagramme, Tabellen, Schemata oder Karten) in ihren Aussagen, Absichten und der formalen Struktur zu verstehen und sie in einen größeren Zusammenhang einordnen sowie die Texte für verschiedene Zwecke sachgerecht nutzen zu können.
(nach: OECD PISA 2000, S. 10)

Globale Gefährdungen

Bei der Betrachtung globaler Gefährdungen muss zwischen reichtumsbedingten und armutsbedingten Zerstörungen der Umwelt unterschieden werden. (...)

Unter reichtumsbedingten ökologischen Zerstörungen sollen vor allem die globalen Gefährdungen gefasst werden, die weitgehend durch die Produktionsweisen und den Lebensstil in den Industrieländern auf der nördlichen Halbkugel der Erde verursacht werden.

Ein Beispiel für eine reichtumsbedingte ökologische Zerstörung ist die Ausdünnung der Ozonschicht. (...), ein weiteres der so genannte Treibhauseffekt, der durch die steigende Konzentration von Kohlendioxid und anderen Spurengasen in der Atmosphäre verursacht wird. Für diesen Anstieg sind in erster Linie die Industrieländer verantwortlich. (...)

Bei armutsbedingten ökologischen Zerstörungen handelt es sich primär um eine Selbstzerstörung der Lebensgrundlagen der Armen dieser Erde mit Nebenwirkungen auch für die Bewohner in reichen Ländern, die diese Zerstörung also erst sekundär zur globalen Gefährdung werden lassen.

Das bekannteste Beispiel für die ökologische Selbstzerstörung mit globalen Auswirkungen ist der Raubbau an den tropischen Regenwäldern, (...), die sich durch eine Artenvielfalt auszeichnen. Der Raubbau verursacht unschätzbare Verluste an genetischer Vielfalt.

Als eine weitere herausragende armutsbedingte ökologische Zerstörung mit globalem Ausmaß ist die fortschreitende, zivilisationsbedingte Vernichtung fruchtbarer Böden zu nennen. Die Zerstörung hat bereits bedrohliche Ausmaße angenommen: 15 Prozent der gesamten eisfreien Landoberfläche sind derzeit geschädigt. (...)

Häufig wird auch das Bevölkerungswachstum als eine weitere armutsbedingte globale Gefährdung angesehen. Im Jahr 2005 werden weit über acht Milliarden Menschen auf der Erde leben. Eine der Hauptfolgen des Bevölkerungszuwachses ist die Migration. (...)

Diese Skizze der globalen Gefährdungen weist darauf hin, dass der heute wissenschaftlich abschätzbare „Risikowert" verschiedener globaler Gefährdungen kaum mit dem jeweiligen Aufmerksamkeitsgrad in den westlichen Industrieländern übereinstimmt.

(Quelle: Zürn,M./Take,I.:"Weltrisikogesellschaft und öffentliche Wahrnehmung globaler Gefährdungen-http:/www.bpb.de/info-franzis/info_body_i_263_6.html, 09.04.02)

Textanalyse

1. Überblick über den Inhalt verschaffen

Lies deshalb den Text einmal im Ganzen durch. Achte dabei auf die Überschrift und auf Schlüsselwörter in den einzelnen Abschnitten.

2. Fragen an den Text stellen

Überlege, auf welche Fragen oder Probleme der Text insgesamt bzw. die einzelnen Abschnitte Antworten geben können bzw. welche neuen Fragen sich ergeben. Formuliere die Fragestellungen, unter denen du den Text analysieren willst.

3. Text gründlich unter den spezifischen Frage- oder Aufgabenstellungen lesen

Schreibe dir beim Ermitteln der notwendigen Informationen wichtige Schlüsselbegriffe der Abschnitte heraus. Fertige auch eine Mind map an.
(Notiere dir unbekannte Begriffe, die mithilfe eines Lexikons oder der Lehrerin/des Lehrers zu klären sind bzw. notiere Fragen.)

4. Zusammenfassen – Reflektieren – Bewerten – Antworten formulieren

Fasse den Inhalt der einzelnen Abschnitte mit eigenen Worten zusammen, verknüpfe die neuen Informationen mit deinen Vorkenntnissen. Formuliere Antworten auf die Fragen. Nutze dazu auch deine Mind map.

Geofaktor Klima

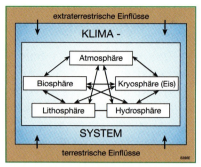

1: Das Klimasystem

Die Atmosphäre – Schutzhülle unseres Planeten

„Gäbe es die Lufthülle (**Atmosphäre**) nicht, wäre die Erde unbewohnbar wie ihre Nachbarplaneten. Dabei ist die Atmosphäre aber nicht nur wegen ihres Sauerstoffs, den wir atmen, unentbehrlich. Ohne sie würde auf der Erde tagsüber sengende Hitze und nachts eisige Kälte herrschen. Sie schützt das Leben auf der Erde auch vor sonst tödlichen Strahlen von der Sonne und aus dem All.

Die Atmosphäre ist keine isolierte Hülle aus Gasen, sie ist Teil des Systems Erde. Schon die Uratmosphäre entstand aus Gasen, die aus der damals aufgeschmolzenen Erde freigesetzt wurden, und sie entwickelte sich in ständigem Austausch mit den anderen Sphären. Aus Wasserdampf, der sich aus ihr niederschlug, entstanden die Ozeane. Dafür kam Sauerstoff in die Luft: von Einzellern, die im Meer lebten, als Abfallprodukt der Photosynthese freigesetzt. Das wenige Wasser, das unsere heutige Atmosphäre als Luftfeuchtigkeit enthält, wird laufend mit den anderen Sphären ausgetauscht.

Auch Sauerstoff und Kohlendioxid sind „Wanderer" zwischen den Sphären. Da die Atmosphäre so vielseitig beeinflusst wird, macht das Geschehen in der Luft, was wir **Wetter** nennen, so unsäglich kompliziert." (Wissenschaft im Dialog: Luft, BMBF 2002, S. 4-5)

Aufgaben

1. Beschreibe den Aufbau der Atmosphäre und die Besonderheiten der einzelnen Stockwerke.

2. Erkläre das Klimasystem (Abb. 1).

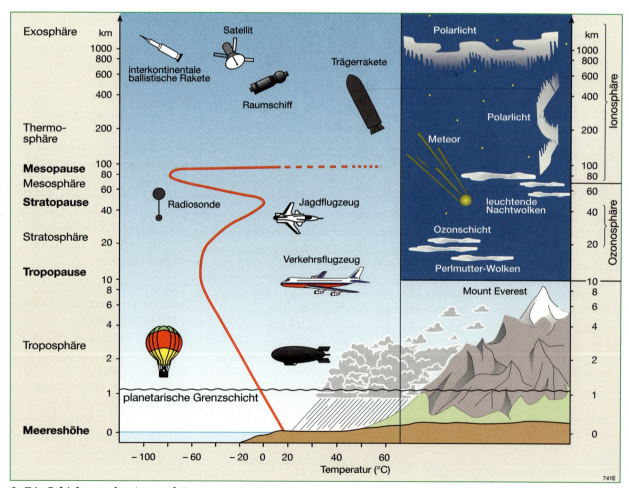

2: Die Schichtung der Atmosphäre

Struktur und Entwicklung von Landschaft

Die Troposphäre: Wetterküche unseres Planeten

Die durchschnittlich zwölf Kilometer mächtige **Troposphäre** ist für uns der wichtigste Teil der Atmosphäre. In ihr konzentriert sich der überwiegende Teil der Gasmasse der gesamten Lufthülle. Fast das gesamte Wettergeschehen (99%), mit seinem ständigen Wechsel von heiß und kalt, feucht und trocken, stürmisch und windstill, klar und neblig, findet in der relativ dichten Troposphäre statt. Das liegt daran, dass in diesem untersten Stockwerk unserer Atmosphäre auch der weitaus größte Teil der Luft lagert. Trotz ihres ungeheuren Volumens ist sie eine leicht zu bewegende Masse. Sie reagiert ausgesprochen empfindlich auf die Veränderung der Temperatur. Wird sie nämlich erwärmt, so dehnt sie sich aus und steigt auf, abgekühlt zieht sie sich zusammen und sinkt ab. Ist in einem Raum wenig Luft vorhanden, so wird er schnell wieder mit Luft aufgefüllt, die an einem anderen Ort zu viel ist und deshalb unter einem hohen Druck steht. So sind die Luftströme in der untersten Atmosphäre unablässig damit beschäftigt, einen Ausgleich zwischen hohen und niedrigen Temperaturen und hohem und niedrigem Luftdruck herbeizuführen.

Gleichwohl kommt es in diesen sehr komplizierten, von der Sonnenenergie angetriebenen Prozessen und Kreisläufen nie zu einer vollständigen Beseitigung aller gegebenen Unterschiede. Unter all den unsere Luft zusammensetzenden Gasen spielt der Wasserdampf eine besondere Rolle bei der Ausgestaltung des Wetters. Obwohl er nur bescheidene 0,001% ausmacht, ist gerade er verantwortlich für viele unserer Wettererscheinungen wie Nebel und Wolken, Dunst und Reif sowie Regen, Hagel und Schnee und andere Formen des Niederschlags. Diese mögen manchmal unsere Pläne stören, für alles Leben auf der Erde sind sie jedoch unverzichtbar.

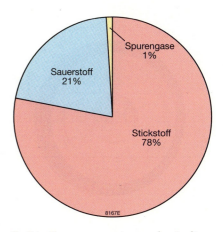

3: Die Zusammensetzung der Luft

5: Auf dem Mt. Everest ist die Atmosphäre besonders dünn

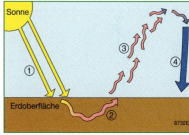

4: Sonne - Heizkörper der Erde

Aufgaben

3. Nenne Gründe, weshalb die höchsten Gipfel der Erde ausgesprochen lebensfeindliche Regionen sind.

4. Welchen Anteil hat der Wasserdampf an unserer Luft und welche Aufgaben erfüllt er?

5. Warum spielt sich das Wettergeschehen fast ausschließlich in der Troposphäre ab?

1: Barometer – Zu Ehren des Physikers Pascal wurde die Maßeinheit für den Luftdruck Pascal bzw. Hektopascal (hPa) genannt. Daneben existieren noch die älteren Maßeinheiten Millibar (mb) und Torr.

Die Wetterwirksamkeit des Luftdrucks

Die Lufthülle der Erde besteht aus einem Gasgemisch, das ein bestimmbares Gewicht besitzt. Dieses Gewicht bildet eine Kraft, die auf die Erdoberfläche drückt und als Luftdruck bezeichnet wird. Der Luftdruck wird mit einem Barometer gemessen.

Misst man den Luftdruck unmittelbar an der Erdoberfläche, stellt man fest, dass er hier höher ist als in großer Höhe über der Messstelle am Boden. Dieser Unterschied ist verständlich, denn am Boden wird der Luftdruck gemessen, den die gesamte Luftsäule über der Messstelle ausübt, während in ihrem oberen Abschnitt nur noch der Luftdruck eines Teils dieser Luftsäule bestimmt wird (Abb. 2). Das ist auch der Grund dafür, dass es zwischen Gebirgen und Tiefländern messbare Unterschiede im Luftdruck gibt (Abb. 3). Die bekannte Tatsache, dass in großer Höhe die Luft „dünn" wird, ist eine Folge des nachlassenden Luftdrucks. Dadurch fällt das Atmen schwerer.

Hoch- und Tiefdruckgebiete

Zu den auffälligsten Eintragungen in Wetterkarten gehören Systeme von Linien. Diese Linien verbinden jeweils Orte mit gleichem Luftdruck und sind auch unter der Bezeichnung Isobaren bekannt. Auch der Luftdruck ist eine veränderliche Größe. Erwärmt sich die Luft, dann wird sie leichter und steigt auf. Jedes Luftteilchen, das auf diese Weise in größere Höhe gelangt, führt zu einer Druckentlastung am Erdboden. Dadurch geht der Luftdruck dort zurück, es entsteht ein Tiefdruckgebiet. In der Höhe bewirken die zuströmenden Teilchen eine Druckerhöhung, also die Bildung eines Hochdruckgebietes. Kühlen sich die unteren Luftschichten ab, so lagern sich die Teilchen dicht zusammen und vergrößern den Druck. So entsteht am Erdboden ein Hochdruckgebiet, in der Höhe ein Tiefdruckgebiet. Diese Druckgebiete werden wegen der großen Bedeutung der Temperatur für ihre Entstehung als thermische Druckgebiete bezeichnet.

Aufgaben

1. In welchen Großräumen der Erde entstehen bevorzugt Tiefdruckgebiete bzw. Hochdruckgebiete? Begründe deine Antwort.

2. Welche physikalischen Gesetzmäßigkeiten liegen der thermischen Entstehung von Druckgebieten zu Grunde?

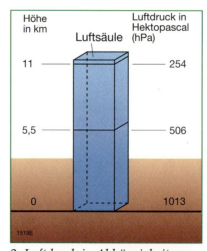

2: Luftdruck in Abhängigkeit von der Höhe

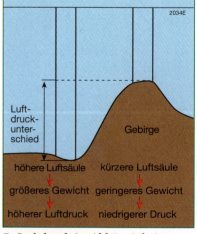

3: Luftdruck in Abhängigkeit von der Meereshöhe

Struktur und Entwicklung von Landschaft

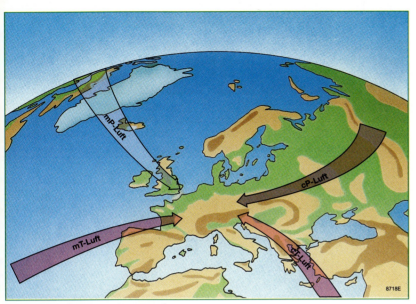

4: Hauptluftmassen in Mitteleuropa

Hauptluftmassen und ihre Eigenschaften:

mP-Luft = maritime Polarluft
- kommt aus Grönland, Island über den nördlichen Atlantik
- im Winter: kalt, feucht
- im Sommer: kühl, feucht

cP-Luft = kontinentale Polarluft
- kommt aus Nordskandinavien, Nordsibirien
- im Winter: sehr kalt, trocken
- im Sommer: warm, trocken

mT-Luft = maritime Tropikluft
- kommt vom Atlantik
- im Winter: mild, feucht
- im Sommer: warm, feucht

cT-Luft = kontinentale Tropikluft
- kommt von Nordafrika über Südosteuropa
- im Winter: mild, trocken
- im Sommer: sehr warm, trocken

m-Luft = feucht
c-Luft = trocken

Unser Wetter wird „auswärts" gemacht

Das Wettergeschehen ist vom Zustand der vorherrschenden Luftmassen abhängig. Unter dem Einfluss des jeweiligen Großwettergeschehens erreichen Deutschland Luftmassen aus ganz unterschiedlichen Herkunftsgebieten. Da sie sich dort den Bedingungen des Untergrundes (z.B. warm, kalt, trocken, feucht) angepasst haben, werden diese Eigenschaften auch bei uns wetterwirksam. Langjährige Wetterbeobachtungen zeigen, dass unser Wetter vor allem von Wetterlagen mit westlichen Luftströmungen bestimmt wird.

Für den Wetterablauf in Deutschland ist entscheidend, ob die Luft aus Norden (Polarluft) oder aus Süden (Tropikluft) kommt. Berücksichtigt werden muss außerdem, ob das Herkunftsgebiet eine große Landmasse (kontinental) oder eine Wasserfläche (maritim) darstellt. Wenn der Wetterbericht zum Beispiel im Januar den Zustrom kontinentaler Polarluft ankündigt, ist mit einem starken Rückgang der Temperatur zu rechnen. Dann wird unser Wetter von Luftmassen aus dem hohen Norden beeinflusst. Da diese Luft vom trockenen Festland kommt, ist kaum mit Niederschlägen zu rechnen.

i Großwetterlagen in Europa

Der Wechsel von Großwetterlagen beeinflusst im Verlaufe eines Jahres das Wettergeschehen in Europa. Je nach der Ausbildung von Hochdruck- und Tiefdruckgebieten kommt es zum Einströmen bestimmter Luftmassen in Europa, die einen längeren Zeitraum wetterbestimmend sind. Dabei werden die von Hochdruckgebieten zu Tiefdruckgebieten führenden Luftströmungen auf der Nordhalbkugel wie bereits bekannt durch die Erdrotation nach rechts abgelenkt. Die nach Europa einströmenden Luftmassen bestimmen so mit ihren Eigenschaften jeweils für einen gewissen Zeitraum das Wetter auf unserem Kontinent.

Aufgaben

3. Stelle Zuammenhänge zwischen Wetter und Wetterlage dar.

4. Welche Eigenschaften hat maritime Tropikluft?

5. Mit welchen Wetterereignissen ist zu rechnen, wenn in deinem Heimatgebiet eine Westwetterlage vorherrscht?

Aufgaben

1. Gib einen Überblick über die Druck- und Windgürtel der Erde. Nutze deine Vorkenntnisse.

2. Wie unterscheidet sich die dynamische von der thermischen Entstehung der Tiefdruckgebiete?

Zyklonen – wandernde Tiefdruckwirbel

Deutschland liegt in einem Gebiet der Nordhalbkugel, in dem in der Atmosphäre eine westliche Strömung dominiert, der sogenannten Westwindzone der gemäßigten Breiten. Mit dieser Luftbewegung werden vielfach Tiefdruckgebiete über Mitteleuropa „transportiert". Diese entstehen aber nicht thermisch (S. 18), sondern werden durch die Verwirbelung warmer und kalter Luftmassen gebildet. Man spricht von der dynamischen Entstehung von Tiefdruckgebieten. Diese wandernden Tiefdruckwirbel werden als **Zyklonen** bezeichnet.

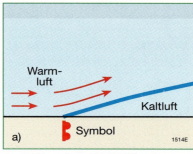 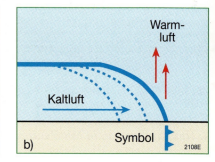

1: a) Warmfront b) Kaltfront

2: Zyklone über den Britischen Inseln

Struktur und Entwicklung von Landschaft

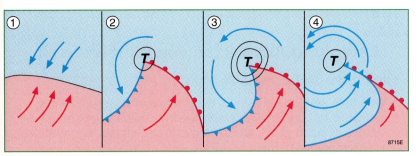

3: Entwicklungsstadien einer Zyklone

Aufgaben

3. Erkläre die Entstehung einer Warm- und einer Kaltfront (Abb. 1).

4. Nenne die drei Hauptabschnitte der Zyklone und zeige sie jeweils auf den Abbildungen 3 und 4.

Entstehungsprozess von Zyklonen

1. Über dem Nordatlantik bewegen sich kalte Polarluft und warme Tropenluft wellenförmig aufeinander zu.
2. Beim Aufeinandertreffen dieser Luftmassen entsteht ein Wirbel, an dessen Vorderseite Warmluft nach Norden strömt. An der Grenze zur Kaltluft bildet sich eine Warmfront. Gleichzeitig wird an der Rückseite der Zyklone kalte Luft nach Süden gelenkt, wo sie auf Warmluft trifft. Es entsteht eine Kaltfront.
3. Zwischen der Warm- und Kaltfront befindet sich ein Abschnitt, in dem warme Luft vorherrscht, der Warmsektor. Da an den Fronten die leichtere Warmluft nach oben steigt, wird der Bereich des Warmsektors immer kleiner.
4. Wenn die Warmluft völlig vom Boden abgehoben ist, sich also Warm- und Kaltfront vereinigt haben, ist der Luftdruckgegensatz aufgehoben. Damit ist die Zyklone „abgestorben". Dieser Vorgang wird Okklusion genannt.

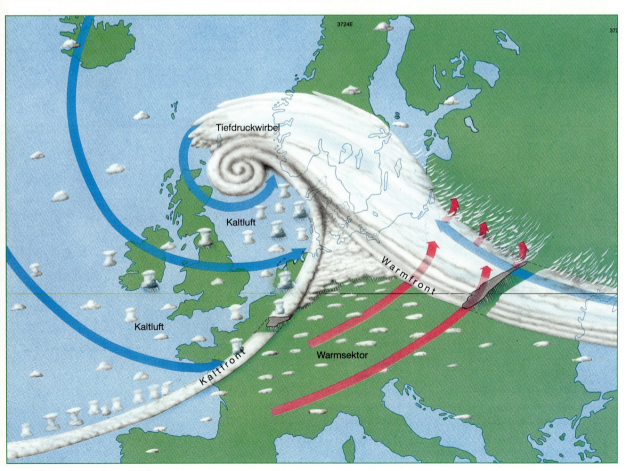

4: Reifestadium einer Zyklone

Methode: Arbeit mit der Wetterkarte

Wetter und Klima

Wetter ist der physikalische Zustand der Atmosphäre (Lufthülle) an einem bestimmten Ort zu einem bestimmten Zeitpunkt.

Von Witterung spricht man, wenn der beobachtete Wetterzustand mehrere Tage ähnlich ist.

Klima beschreibt den durchschnittlichen Zustand der Atmosphäre an einem bestimmten Ort, in einem Gebiet oder in einer Region. Zur Beschreibung benötigt man die Daten von Wettererscheinungen (Wetterelemente), die über einen Zeitraum von meist über 50 Jahren erfasst worden sind. Die Wetterelemente Temperatur, Niederschlag, Verdunstung, Luftbewegung (Windstärke) und Sonnenscheindauer werden dabei zu Klimaelementen.

Lesen und Auswerten von Wetterkarten

Schrittfolge – was zu beachten ist:

1. Welchen Verlauf nehmen die Luftmassenfronten (Luftmassengrenzen) in Europa? (An einer Kaltfront verdrängt Kaltluft die Warmluft nach oben, an der Warmfront gleitet Warmluft allmählich auf Kaltluft.)
2. Charakterisiere mithilfe Abb. 4 auf S. 19 die durch Pfeile gekennzeichneten Luftströmungen.
3. Vergleiche die Angaben für Temperaturen, Bewölkung und Wind im Bereich der Kaltluft mit denen im Bereich der Warmluft (Die Kreise mit dem Bewölkungsgrad sind zugleich die Ortssymbole der genannten Städte).
4. Beschreibe die Ausdehnung des Niederschlagsgebietes. Welche Vorgänge an den Luftmassengrenzen führen zur Bewölkung und schließlich zum Niederschlag?
5. Die schwarzen Linien (Isobaren) geben den Luftdruck in Hektopascal (hPa) an. Wo herrscht etwa der gleiche Luftdruck wie in Thüringen?
6. Das Tiefdruckgebiet (T) zieht mit den Fronten (Kaltfront/Warmfront) in Richtung Osten über uns hinweg. Wage eine Wettervorhersage.

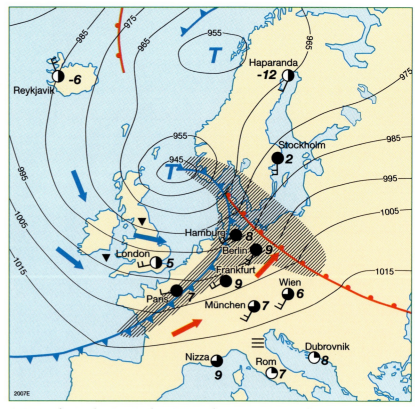

1: Wetterkarte des Deutschen Wetterdienstes – Beispiel

Struktur und Entwicklung von Landschaft

Typische Wetterlagen in Mitteleuropa

Seit eh und je müssen die Mitarbeiter der Wetterdienststellen damit leben, dass ihre Vorhersagen nicht immer zutreffen. Dass dies so ist, kann eigentlich nicht überraschen, denn die Lufthülle der Erde ist ständigen Veränderungen unterworfen. Bewegungsvorgänge in Gasen lassen sich nur schwer beobachten und nur selten langfristig vorhersagen.

Bei den langjährigen Wetteraufzeichnungen haben die Meteorologen eine Entdeckung gemacht, die ihre Prognosen etwas erleichtern. Es gibt nämlich Wetterabläufe, die mit gewisser Regelmäßigkeit auftreten. Dabei wird das Wetter in Deutschland über einen längeren Zeitraum (meist vier bis fünf, manchmal 14 Tage) von einer ganz bestimmten Luftmasse geprägt. Einen solchen Zustand bezeichnet man als Wetterlage. Im Volksmund gibt es dafür charakteristische Namen. Für den Wetterablauf in Deutschland spielen West- und Nordwetterlagen die größte Rolle. Bei diesen werden sehr oft maritime Luftmassen wirksam. In sie sind vielfach Zyklonen eingelagert (vgl. S. 19-21).

Wenn im Winter die Temperaturen unter -20 °C absinken, dann ist dafür meist eine Wetterlage verantwortlich, bei der über Skandinavien ein Hochdruckgebiet liegt. An seiner Südflanke strömt Kaltluft aus Sibirien nach Deutschland.

Bauernregeln sind ein Beweis dafür, dass derartige Regelmäßigkeiten im Wetterablauf schon seit langem beobachtet werden. Sie enthalten zahlreiche zutreffende Aussagen, können aber die wissenschaftlich begründeten Vorhersagen nicht ersetzen.

Wetterlagen und ihre Namen

Eisheilige: In Norddeutschland die Heiligen Mamertus, Pankratius, Servatius (11. bis 13.5), in Süddeutschland die Heiligen Pankratius, Servatius, Bonifatius (12. bis 14.5). Ferner die Kalte Sophie (15.5.). Tage, an denen zum letzten Mal Nachtfröste auftreten können.

Schafkälte: Kühle Meeresluft verursacht häufig zwischen dem 2. und 14.6. kühles und unbeständiges Wetter. Der Name ist abgeleitet von der Tatsache, dass die Schafe in dieser Zeit häufig geschoren werden und dann unter der Kälte leiden.

Hundstage: Nach dem mit der Sonne ungefähr gleichzeitig aufgehenden Hundsstern (Sirius) benannte, besonders heiße, aber oft auch schwüle Jahreszeit zwischen dem 24.7. und 24.8.

Gewitter im Mai, ist der April vorbei

Sind Bauernregeln dumme Sprüche? Manche gewiss. Nämlich diejenigen, die nicht wegen ihrer Qualität als Wetterprognose überliefert wurden, sondern eben weil sie so schöne dumme Sprüche sind. Die meisten Bauernregeln aber sind das ernst zu nehmende Ergebnis jahrhundertelanger Beobachtungen. Früher war die Beobachtung des Wetters für die Bauern lebensnotwendig. Sie erkannten Zusammenhänge und leiteten daraus Regeln ab. So konnten sie Wettererscheinungen mit hoher Treffsicherheit vorhersagen ohne die Ursachen zu kennen. Heute wird mit den Bauernregeln häufig Unfug getrieben. Oft werden dieselben Regeln gleichzeitig in süd- und norddeutschen Regionalzeitungen abgedruckt. Dabei müsste doch klar sein, dass eine Bauernregel aus Oberbayern nicht unbedingt auf das Wetter in Ostfriesland zutrifft.

Ziehen Wolken dem Wind entgegen, gibt's am anderen Tage Regen

Wie viele andere Regeln auch, beschreibt diese ein typisches Vorzeichen für ein herannahendes Tiefdruckgebiet: Vor der Warmfront haben wir häufig Wind aus Südost bis Süd, in großer Höhe über uns ziehen schon die ersten Cirren (Federwolken) der herankommenden Warmfront aus Westen auf. Das sind die Vorboten des Regens.

Wenn die Schwalben tief fliegen, lässt der Regen nicht auf sich warten

Schwalben sind Insektenfresser und jagen im Flug. Fliegen die Insekten bei schönem Wetter hoch, in warmen Aufwinden, fliegen auch die Schwalben hoch. Sobald aber Wind aufkommt und es kühler wird, fliegen sie im Schutz von Häusern und Bäumen direkt über dem Boden um nicht fortgetragen zu werden. Entsprechend tief fliegen die Schwalben.

2: Bauernregeln

Aufgaben

1. Werte die Wetterkarte (Abb. 1) anhand der Schrittfolge aus.

2. Setze ausgewählte Wetterlagen mit den Hauptluftmassen in Mitteleuropa und Großwetterlagen Europas in Beziehung (Fernsehen, Tagespresse, Internet).

3. Fertige selbstständig zum Kalenderblatt September einen Steckbrief an.

4. Trage weitere Bauernregeln zusammen und diskutiere über deren Gültigkeit.

Klimawandel

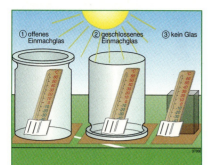

Dazu brauchst du:
2 Einmachgläser, 3 Thermometer, 3 gleiche Unterlagen (z.B. Pappe)

So führst du den Versuch durch:
1. Stelle zwei Einmachgläser wie in der Abbildung gezeigt auf je einer Unterlage in die Sonne.

2. Stelle in beide Gläser Thermometer. Stelle das dritte Thermometer auf eine Unterlage daneben.

3. Beschatte die Thermometerfühler zum Beispiel mit einem weißen Blatt Papier.

4. Vergleiche nach einigen Minuten die Temperaturen auf den drei Thermometern.

5. Übertrage das Ergebnis auf die Atmosphäre. Glas übernimmt die Aufgabe von Treibhausgasen.

Der natürliche Treibhauseffekt

Unsere Erde bezieht fast ihre gesamte Energie von der Sonne. Diese reicht allerdings nur dafür aus, die Erdoberfläche auf durchschnittlich −18 °C zu erwärmen. Ohne die gegenwärtige Zusammensetzung der Atmosphäre wäre die Erde eine Eiswüste.

Für ein lebensfreundliches Klima auf der Erde sorgt neben der schützenden Ozonschicht (vgl. Info-Box) auch der so genannte natürliche **Treibhauseffekt**. Er ist dafür verantwortlich, dass die Erdoberfläche nicht auskühlt.

Die in der Atmosphäre vorkommenden Spurengase, auch Treibhausgase genannt, wirken wie die Glasscheiben in einem Treibhaus. Sie lassen die Sonnenstrahlung weitgehend ungehindert auf die Erde. Dort wird das Licht reflektiert und in Wärmestrahlung (Infrarotstrahlung) umgewandelt. Diese kann die Atmosphäre aber nur zum Teil durchdringen und wird größtenteils wieder zurückgestrahlt. Dadurch erhöht sich die Temperatur auf der Erde um 33 °C auf durchschnittlich +15 °C. Dieser natürliche Treibhauseffekt wird vor allem seit der Industrialisierung durch den Menschen verstärkt. So hat der Anteil der Spurengase in der Atmosphäre erheblich zugenommen und nimmt noch weiter zu.

Die Ozonschicht

Die Ozonschicht ist ein wichtiger Abschnitt der Lufthülle unserer Erde. In einer Höhe von 15 bis 50 km schützt uns das Gas Ozon wie ein Filter vor gefährlichen Strahlen der Sonne. Wenn diese Strahlen ungefiltert auf die Erde treffen, führt dies zu einer zunehmenden Erwärmung der Erde und schädigt bei Mensch und Tier zum Beispiel das Erbgut oder löst Hautkrebs aus. Ozonkiller sind neben Methan, das Distickstoffoxid, die Fluorchlorkohlenwasserstoffe (FCKW) und als wichtigster Faktor das Kohlendioxid. Ozonkiller entstehen durch unterschiedliche menschliche Tätigkeiten (S. 25).

Aufgaben

1. Warum wird Ozon sowohl als ein lebensfreundliches als auch lebensfeindliches Gas angesehen?

2. Erkläre den natürlichen Treibhauseffekt.

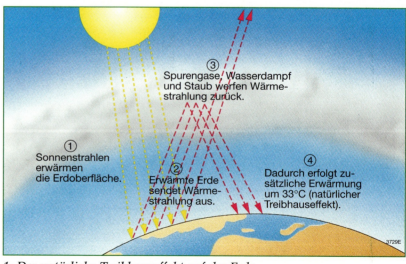

1: Der natürliche Treibhauseffekt auf der Erde

Struktur und Entwicklung von Landschaft

Der zusätzliche Treibhauseffekt

Seit der Industrialisierung im 19. Jahrhundert verändert der Mensch die Zusammensetzung der Atmosphäre. Mit der Verbrennung von Kohle, Öl und Gas erhöht sich der Kohlenstoffdioxidgehalt der Atmosphäre. Auch die Treibhausgase Methan, Distickstoffoxid und FCKW werden direkt durch die Menschen freigesetzt. Nach Ansicht fast aller Wissenschaftler muss das zu einer weltweiten Erwärmung der Atmosphäre führen. Gestritten wird noch über die Frage, wie hoch diese ausfällt und welche möglichen Folgen sie hat.

Das Ozonloch

Wenn die schützende Ozonschicht entweder zerstört oder so dünn geworden ist, dass UV-Strahlen bis zur Erdoberfläche gelangen, spricht man von einem „Ozonloch".

Fluorchlorkohlenwasserstoffe (FCKW) werden in der Stratosphäre (S. 16) von ultravioletten Strahlen zerlegt, wobei dabei freigesetzte Chlor-Atome das Ozon in der Ozonschicht angreifen. Ein Chlor-Atom kann bis zu 100 000 Ozon-Moleküle zerstören. Für diesen Prozess sind sowohl Sonnenschein als auch extreme Kälte von ca. minus 80 °C Voraussetzung. Deshalb reißt das Ozonloch insbesondere über der Antarktis auf. Der Anteil von FCKW hat sich inzwischen zwar stark verringert, jedoch sind FCKW-Moleküle in der Höhe lange aktiv.

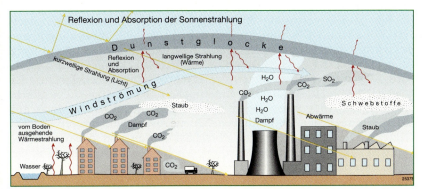

2: Der vom Menschen verursachte Treibhauseffekt

Das sind einige „Treibhaustäter":	Das sind ihre Taten:	So tragen sie zum Treibhauseffekt bei:	Anteil am Treibhauseffekt:
Energieerzeuger und Stromverbraucher	Verbrennung von Energie-Rohstoffen wie Kohle, Öl und Gas zur Wärme- und Stromerzeugung	Durch Verbrennung entsteht Kohlenstoffdioxid (CO_2).	50 %
Verkehrsteilnehmer	Fahrten mit Kraftfahrzeugen, Flugreisen	Aus Auspuffrohren und Flugzeugdüsen entweicht Kohlenstoffdioxid (CO_2).	
Landwirte	Düngung der Felder	Bakterien wandeln zu große Düngermengen, die von Pflanzen nicht mehr aufgenommen werden, in Distickstoffoxid (N_2O) um.	15 %
Viehzüchter	Zucht großer Rinderherden	Rindermägen produzieren Methan (CH_4).	
Reisbauern	Reisanbau	Im Wasser von Reisfeldern setzen Bakterien beim Abbau von Pflanzenabfällen Methan (CH_4) frei.	
chemische Industrie	Produktion von Kühlmitteln, Treibmitteln für Spraydosen, Schaumstoffen usw.	FCKW entweicht in die Atmosphäre.	20 %
Holzindustrie	Fällen von Bäumen, Abholzungen	Bäume binden Kohlenstoff. Besonders viel Kohlenstoff ist im tropischen Regenwald gebunden.	15 %
Menschen, die Brandrodung betreiben	Rodungsfeuer im tropischen Regenwald zur Landgewinnung	Durch Verbrennung wird CO_2 frei gesetzt. Der verbrannte Wald kann keinen Kohlenstoff mehr binden.	

3: Die „Treibhaustäter"

Aufgaben

3. Erkläre den zusätzlichen Treibhauseffekt.

4. Informiere dich über die Klimarahmenkonvention (KRK) im Internet.

Land	1998	gegenüber 1990 in %	Ziel 2008-12 in % gegenüber 1990
USA	6 726 997	+11,2	-7,0
J	1 330 555	9,7	-6,0
D	1 019 745	-15,6	-21,0
UA	679 850	-8,3	-12,5
CDN	692 230	+13,2	-6,0
F	558 726	+0,9	0,0
A	484 699	+14,5	+8,0
NL	236 251	+8,4	-6,0

4: Treibhausgasemissionen in Industriestaaten in 1000 t CO_2-Äquivalenten

Warnsignale des Klimas

Das Klima der Zukunft vorherzusagen, stellt eine der größten Herausforderungen für die Wissenschaft dar. Dafür wurden globale Klimamodelle entwickelt, die in der Lage sind, das Klimasystem in seinen wesentlichen Teilen realistisch zu simulieren. (...) Um zu einer Klimaprognose zu kommen, müssen die äußeren Einflussgrößen für den Prognosezeitraum vorgegeben werden. Bei diesen handelt es sich insbesondere um die Annahme der künftigen Emission von Treibhausgasen in die Atmosphäre, die ihrerseits von der Entwicklung der Weltwirtschaft sowie Erfolg oder Misserfolg der Klimapolitik abhängt. (...)

Bei sich weiter verstärkendem anthropogenem Treibhauseffekt wird eine anhaltende Erwärmung angestoßen. Das 20. Jahrhundert war das wärmste seit mindestens 1000 Jahren und in keinem Jahrhundert ist dabei eine so rasche Änderung aufgetreten. Im 21. Jahrhundert wird sich diese Entwicklung voraussichtlich beschleunigen.(...). Es wird befürchtet, dass Klimaveränderungen über Störungen der globalen Umweltbedingungen einen überwiegend negativen Einfluss auf die Gesundheit der Menschheit haben werden. Häufigere und intensivere Hitzewellen, zusätzlich verschärft durch den urbanen Wärmeinseleffekt in den unkontrolliert wachsenden Megacities, sowie Wetterextreme werden sich direkt in einer Zunahme der Todesfälle abbilden.

Der tiefgreifende Klimawandel wird im 21. Jahrhundert das Umweltproblem Nr. 1 in der Welt werden. Die Klimaforschung muss mit verbessertem Verständnis des Klimasystems und seiner umfassenden Modellierung dazu beitragen, dass die Konturen dieses Klimawandels zusehends klarer werden. Es soll hier nicht von Klimakatastrophe gesprochen werden. (...) Das Bedrohlichste ist indes, dass der Mensch die Zusammensetzung der Atmosphäre gestern wie heute ohne Berücksichtigung der Folgen für Natur und Gesellschaft verändert.

(Quelle: H. Graßl, P. Hupfer & J. L. Lozán.(2000): Klima des 21. Jahrhunderts, S.12/13 und 18)

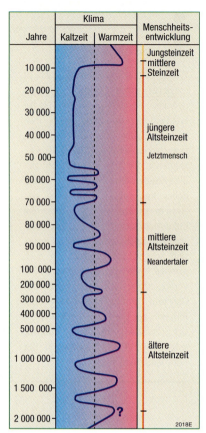

1: Zeittafel der Kalt- und Warmzeiten

Aufgabe

1. In welchen Teilen der Erde finden nach der Modellrechnung Abb.2 die größten Temperaturveränderungen statt?

 Modelle

In vielen Wissenschaften ist ein Modell ein Ausschnitt der Wirklichkeit, der grafisch und/ oder mathematisch dargestellt wird. Viele Modelle sagen künftige Zustände voraus. Sie beruhen auf exakten Berechnungen (im Gegensatz zu Szenarien, die auf Argumentationsreihen beruhen). Die Fülle der Daten und Zusammenhänge erfordert dabei Computer-Berechnungen.

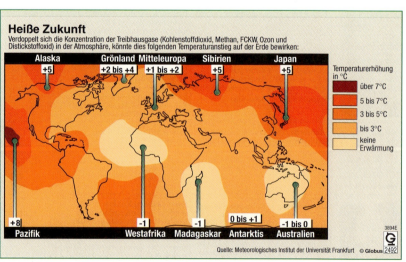

2: Modellrechnung: Durchschnittstemperaturen im Jahr 2050 bei steigender Konzentration der Treibhausgase

Struktur und Entwicklung von Landschaft

Veränderung der Meeresströmungen
Die Ozeanströmungen werden sich verändern. Wenn dadurch zum Beispiel der warme Golfstrom die Küsten Mittel- und Nordeuropas nicht mehr erreicht, müssen wir mit viel längeren und strengeren Wintern rechnen. Wir müssen uns auf Temperaturen wie in Kanada einstellen mit allen Folgen für die landwirtschaftlichen Anbaumöglichkeiten.

Extreme Wetterlagen
Öfter als heute werden extreme Wetterlagen auftreten. Sintflutartige Regenfälle mit katastrophalen Überschwemmungen werden sich mit lang anhaltender Dürre abwechseln. Dort, wo heute die Getreidegürtel liegen, werden Dürreperioden die Ernte vernichten. Die Wüsten werden größer. Weltweit sinkende Erträge verschärfen den Hunger. Dadurch kommt es zu Millionen von Hungerflüchtlingen. Es finden Kriege um klimatisch bevorzugte Gebiete statt.

Viele starke Orkane
Die Luft über den Landflächen wird sich noch stärker erwärmen als über dem Meer. Die Winde zwischen diesen unterschiedlich stark erwärmten Luftmassen werden sich verstärken. Die Menschheit muss lernen mit häufigen Orkanen und Wirbelstürmen zu leben.

Arbeit mit Zukunftsszenarien

– Entwirf Szenarien zum Thema: „Mögliche Folgen des zusätzlichen Treibhauseffektes". Die unterstrichenen Begriffe aus Abb. 3 müssen dabei sinnvoll aufeinander bezogen werden. Beginne mit „Erwärmung der Atmosphäre".
– Übernimm die Rolle eines Zeitungsredakteurs im Jahr 2050. Erstelle mithilfe von Abb. 3 acht Schlagzeilen einer Zeitung, die auf die Lage in Europa eingehen.
– Schreibe zu einer Schlagzeile einen Bericht, der sich mit den Ursachen und Folgen beschäftigt.
– Stelle die Szenarien von Abb. 3 in einer Wandzeitung durch Fotos, Foto-Collagen, Zeichnungen, Texte dar.

Meeresspiegelanstieg
Weiteres Abschmelzen des Inlandeises auf Grönland und in der Antarktis wird den Meeresspiegel bis 2050 um 30 bis 50 cm höher steigen lassen. Küstenstädte wie Hamburg, London, New York wären von Überflutungen bedroht. Teure Deiche können sich die ärmeren Staaten nicht leisten. Bangladesch würde große Teile seines Landes ans Meer verlieren. Ganze Südsee-Inseln verschwinden in den Fluten.

3: Szenarien:
Beispiele für mögliche Folgen einer Erwärmung auf der Erde

Geofaktor Boden

i Definition des Begriffs Boden

Die an der Erdoberfläche entstandene, mit Luft, Wasser und Lebewesen durchsetzte Verwitterungsschicht aus mineralischen und organischen Substanzen, die sich unter Einwirkung aller Umweltfaktoren gebildet hat.

(nach: Diercke Wörterbuch der Geographie, 1997)

Böden – die Kruste, von der wir leben

In einem Aufschluss, in jeder Baugrube oder schon bei einigen Spatenstichen kann man erkennen, wie dünn und verletzbar die Schicht ist, von der wir leben. Die Entwicklung der obersten, dunklen und nur wenige Zentimeter mächtigen Schicht begann bei uns vor etwa 11500 Jahren, am Ende der Würm-/Weichseleiszeit. Je nach Zeit und Raum entwickelten sich auf den glazialen Sedimenten oder den Schuttdecken im Gebirge Rohböden, auf denen sich bei weiterer Erwärmung vor etwa 8000 Jahren Steppen oder Wälder auszubreiten begannen.

Im Gegensatz zu Gesteinen sind Böden sehr komplexe und empfindliche Systeme. Daher sind ihre Merkmale, Eigenschaften und ihr Nutzen auch von vielen Faktoren abhängig.

Jeder anthropogene Eingriff in das System Boden bedeutet einen Eingriff in eine viele tausend Jahre andauernde Entwicklung und sollte daher sorgfältig auf das Nutzen-Risiko-Verhältnis überprüft werden. Durch die Abholzung der Regenwälder, durch die Ausweitung der Anbauflächen in die Trockenräume hinein, aber auch durch die hoch technisierte Wirtschaftsweise unserer Landwirtschaft sowie den Flächenbedarf von Städten und Industrie sind die Böden gefährdet. Das 1998 verabschiedete Bodenschutzgesetz soll zumindest für Deutschland den Verbrauch, die Bewirtschaftung und vorsorgliche Schutzmaßnahmen regeln. Es betont die Bedeutung der Böden als
– Produktionsgrundlage von Land- und Forstwirtschaft,
– Lebensgrundlage und Lebensraum für Menschen, Pflanzen und Bodenorganismen,
– System für die Regulierung des Landschaftswasserhaushaltes und die Fähigkeit, Wasser zu filtern, Schadstoffe zu binden oder abzubauen sowie das Grundwasser zu schützen.

Aufgaben

1. Erläutere, warum der Boden für uns Menschen so wichtig ist.

2. Warum können sich auf gleichartigem Ausgangsgestein unterschiedliche Bodentypen bilden?

i Das Bodenprofil

Durch Vergleiche stellte man fest, dass Bodenquerschnitte einen unterschiedlichen vertikalen Aufbau haben, aus der sich eine bestimmte Abfolge von Horizonten ergibt. Aus Farbe, Zusammensetzung und den chemischen Eigenschaften ergeben sich typische Bodenhorizonte, die mit den Großbuchstaben A, B und C sowie mit Kleinbuchstaben bezeichnet werden. Aus der typischen Zusammensetzung eines Bodens und der typischen Abfolge seiner Horizonte entwickelte man Bodentypen, die für eine kleinräumige Region oder für die Klima- und Vegetationszonen der Erde charakteristisch sind.

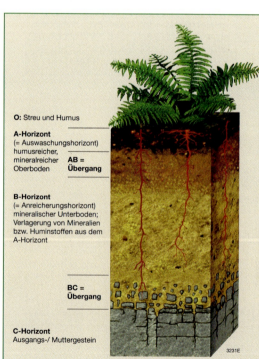

Die Bodenhorizonte

1. Die Großbuchstaben: O: Streu- und Humusauflage.

A: Humus- und mineralreicher Oberboden, der stark von pflanzlichem oder tierischem Leben durchsetzt ist. Die löslichen Bestandteile des Bodens werden durch das Sickerwasser ausgewaschen (= Auswaschungshorizont)

B: Anreicherungshorizont. Anreicherung der löslichen Stoffe aus dem A-Horizont. Der B-Horizont ist fest, humusarm und wenig belebt.

C: Ausgangsmaterial (Gestein, Sand, Ton, Mergel, Löss).

2. Die Kleinbuchstaben

Die Kleinbuchstaben bezeichnen die Eigenschaften oder Merkmale des Bodens.

1: Bodenprofil

Struktur und Entwicklung von Landschaft

Vom Gestein zum Boden

Eine Voraussetzung für die Bodenbildung ist die Aufbereitung des anstehenden Gesteins. Die mechanische Lockerung des festen Gesteins erfolgt durch physikalische Verwitterungsvorgänge (z.B. Frostsprengung, Salzsprengung, Temperaturverwitterung, Wurzeldruck).
Die chemische Verwitterung löst Minerale aus dem Gestein, oxidiert Metallionen oder zerlegt Minerale durch Hydrolyse. Im Gegensatz zu der physikalischen Verwitterung werden hier die Ausgangsgesteine nicht nur zerkleinert, sondern auch umgewandelt. Die chemische Verwitterung ist umso wirksamer, je mehr Feuchtigkeit vorhanden ist und höhere Temperaturen herrschen.
Da sich die Gesteine in ihrer mineralogischen Zusammensetzung unterscheiden, bilden sich aus ihren Verwitterungsprodukten auch unterschiedliche Böden in unterschiedlicher Beschaffenheit. Besonders mineralreich sind relativ junge Böden auf magmatischen Gesteinen (z.B. Granit und Basalt). Ihre chemische Zusammensetzung unterscheidet sich von Böden, die sich auf Sedimentgesteinen (z.B. Sand-, Tonschiefer, Kalk) entwickelten. Die Ausgangsgesteine beeinflussen zudem die Korngrößenzusammensetzung des Bodens. Diese beeinflusst das Porenvolumen, die Durchlüftung, den Wasserhaushalt, die Bearbeitbarkeit und die Durchwurzelung der Böden.
Je nach Korngrößenzusammensetzung unterscheidet man verschiedene Bodenarten (z.B. Sand-, Lehm- und Tonböden).

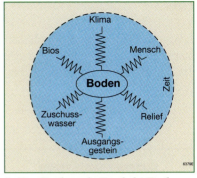

2: Der Boden als Produkt Boden bildender Faktoren

Aufgaben

3. Erkläre den Vorgang der Bodenentwicklung in der gemäßigten Zone.

4. Erläutere die Bedeutung des Ausgangsgesteins für die Ausprägung und die Qualität der Böden.

Verwitterung

Unter Verwitterung versteht man die Zerstörung von Gesteinen im Bereich der Erdoberfläche. Art und Intensität der Verwitterung sind von verschiedenen natürlichen Faktoren, wie Klima, Vorhandensein von Wasser und Gesteinseigenschaften, abhängig. In den verschiedenen geographischen Zonen herrschen unterschiedliche Verwitterungsarten vor.

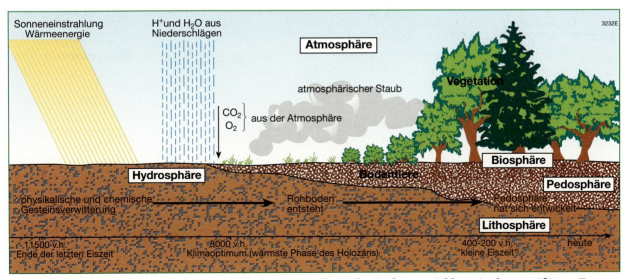

3: Boden bildende Faktoren in einer modellhaften Darstellung der Bodenentwicklung in der gemäßigten Zone

Bodentypen

Aufgabe

1. Weise an Beispielen unterschiedlicher Bodentypen nach, dass der Boden durch das Zusammenwirken unterschiedlicher Geofaktoren entsteht.

Bodentypen

Bei der Bodenbildung wirken die Umweltfaktoren Klima, Wasser, Relief, Ausgangsgestein, Bios und auch der Mensch durch seine auf den Boden gerichtete Tätigkeit.
Das vernetzte Wirken bringt in den verschiedenen Räumen der Erde unterschiedliche Böden (Bodentypen) hervor, wobei die Faktoren Klima und Wasser eine dominante Rolle spielen.

Schwarzerde fruchtbarster Bodentyp

Die Schwarzerde, auch Tschernosem genannt, gilt aufgrund ihrer mächtigen Humusschicht als der fruchtbarste Bodentyp. Sie wird in der Landwirtschaft für den Anbau anspruchsvoller Kulturpflanzen wie Weizen und Zuckerrüben genutzt.
Der A-Horizont der vorwiegend auf kalkhaltigen Lösssedimenten entstandenen Schwarzerde erreicht in Mitteleuropa eine Mächtigkeit von sechs Dezimetern. Aus der dunklen Färbung des A-Horizontes leitet sich die Bezeichnung Schwarzerde ab.
Bei der Schwarzerde gibt es keinen B-Horizont, da es aufgrund geringer Niederschläge und der hohen Speicherkapazität des Oberbodens kaum zu vertikalen Verlagerungsprozessen kommt. Das erklärt auch die Mächtigkeit des A-Horizonts.
Nach einem intensiven Pflanzenwachstum in den feuchten Frühjahrs- und Frühsommermonaten verdorren im trockenen Sommer die meisten Pflanzen fast ohne Zersetzung durch Mikroorganismen. Die Zersetzung wird erst im feuchten Herbst intensiviert, jedoch im kalten Winter wieder unterbrochen. Anstelle einer Verwesung steht eine starke Humifizierung (Humusanreicherung). Der Kalkgehalt fördert die Humusbildung. Viele Krotowinen (Wühlgänge von Bodennagern) sorgen für eine gute Durchlüftung. Die ausgedehntesten deutschen Schwarzerdegebiete befinden sich in der Magdeburger Börde, im östlichen Harzvorland und im Thüringer Becken.

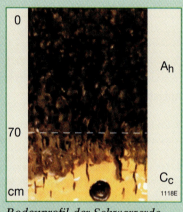

Bodenprofil der Schwarzerde

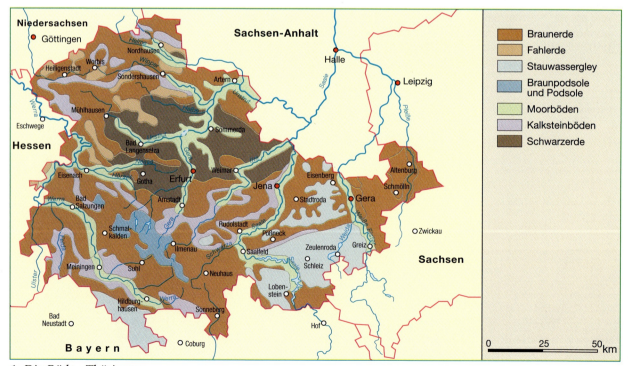

1: Die Böden Thüringens

Struktur und Entwicklung von Landschaft

Braunerde – ein guter Ackerboden

Die Braunerde ist ein im gemäßigt-humiden Klimabereich weit verbreiteter Bodentyp, der auf kalkarmem und silikatischem Ausgangsgestein entsteht.
Das Bodenprofil zeigt im Vergleich zur Schwarzerde einen in seiner Mächtigkeit geringeren A-Horizont als Resultat einer stärkeren Auswaschung von Humusbestandteilen in den B-Horizont.
Auffällig ist die Braunfärbung des Unterbodens, die dem Bodentyp seinen Namen gibt. Die Bezeichnung Bv steht für eine intensive Verwitterung. Dabei werden z.B. Eisenoxide gebildet, die dem Boden seine charakteristische Färbung verleihen. Braunerde entsteht in der kühlgemäßigten Laub- und Mischwaldzone der mittleren Breiten. Da er sich unter Laub- und Mischwald bildet, wird dieser Bodentyp auch „Brauner Waldboden" genannt. Die Braunerde zählt zu den guten Ackerböden. Man findet diesen Bodentyp unter anderem in West- und Mitteleuropa, in der westlichen Ukraine und im Fernen Osten Russlands. In Thüringen tritt sie vor allem in den Mittelgebirgen großflächig auf. Hier hat sie sich auf Verwitterungsschuttdecken gebildet. Diese Regionen werden meist ackerbaulich genutzt. Auf ihnen können noch relativ hohe Erträge erzielt werden. Auf verwitterten Glazialsedimenten im Norddeutschen Tiefland trifft man ebenfalls Braunerdeböden an.

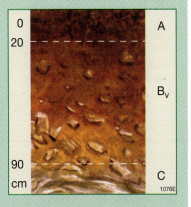

Braunerde

Gley – ein Boden in Feuchtgebieten

Gleye entstehen dort, wo es zu regelmäßigen Schwankungen des Wasserstandes im erdoberflächennahen Bereich kommt. Im B-Horizont sind daher Differenzierungen festzustellen. Der Einfluss von Grund- bzw. Stauwasser bewirkt Luftabschluss und damit eine Graufärbung des Bodens. Der laufende Wechsel zwischen Austrocknen und Vernässen ist bei Gleyen typisch. Im trockenen Zustand zeigt der Gley eine plattige Struktur, das heißt, die Bodenpartikel sind vielschichtig übereinander angeordnet. Im nassen Zustand löst sich diese Struktur auf und der Boden gleicht einem strukturlosen Brei. In den Bodenabschnitten, die zeitweise trockenfallen (Go-Horizont), treten rostfarbene Flecke auf, die die Braunfärbung im oberen B-Horizont bewirken. Ein weiteres charakteristisches Merkmal von Gleyen ist ihre saure Bodenreaktion. Zumeist stellen sich pH-Werte um 4 ein.
Gleyböden sind aufgrund ihrer Feuchtigkeit für die Grünlandnutzung besonders geeignet. Für ihre ackerbauliche Nutzung ist die Regulierung des Wasserhaushalts erste Voraussetzung, des Weiteren sind eine tiefe Lockerung, Kalkung und Düngung notwendig.
Gleyböden haben sich in Thüringen vorwiegend in grundwassernahen Talauen und Niederungen sowie im ostthüringischen Mittelgebirgsvorland und südlich des Thüringer Waldes entwickelt.

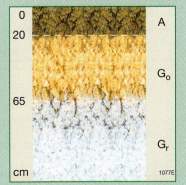

Gley (Grundwassergley, Go-Oxidationshorizont, Gr-Reduktionshorizont mit ständigem Grund- bzw. Stauwassereinfluss)

Besonderheiten von Böden im tropischen Regenwald

Bei einem immerfeuchten Klima mit hohen Niederschlagssummen und hohen Temperaturen entstehen aufgrund einer intensiven chemischen Verwitterung tiefgründige Böden mit mehreren Metern Mächtigkeit. Die charakteristische Rotfärbung resultiert aus der Anreicherung von Aluminium- und Eisenoxiden. Die Böden des tropischen Regenwaldes werden als ferralitische Böden (Laterite, Latosole, Roterden) bezeichnet.
Die üppige Vegetation und die Unfruchtbarkeit der Böden erscheinen als Widerspruch. Bei Untersuchungen im tropischen Regenwald wurde festgestellt, dass das Wasser, das von den Blättern der Bäume tropft, nährstoffreicher als das Bodenwasser ist. Ursache für diese Nährstoffarmut im Boden ist das dichte, oberflächennah ausgebildete Wurzelgeflecht der Pflanzen. Die absterbenden pflanzlichen Substanzen werden zwar schnell zersetzt, die dabei anfallenden Stickstoff- und Phosphorverbindungen jedoch direkt wieder durch Wurzelpilze den Pflanzen zugeführt. Somit gelangen wenig Nährstoffe in den Boden. Der ständig abwärtsgerichtete, starke Sickerwasserstrom bewirkt eine intensive Auswaschung von Kieselsäure und Nährstoffen. Im tropischen Regenwald zirkulieren die Nährstoffe an der Erdoberfläche, sodass im Boden selbst kaum Nährstoffreserven gehalten werden. Die Rodungen im tropischen Regenwald verstärken die Nährstoffverarmung im Boden.

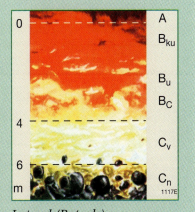

Latosol (Roterde)

Böden – begrenzt verfügbar, vielfach gefährdet

Lange Jahre waren Böden ein scheinbar unbegrenzt vorhandenes und daher wenig beachtetes Gut, das keiner besonderen Pflege bedurfte. Heute dagegen gelten Böden ebenso wie Luft und Wasser als lebensnotwendige, gefährdete und schutzbedürftige Systeme. Allein der zunehmende Bodenverbrauch durch Siedlungen und Verkehrswege, die Versiegelung der Landschaft, schränken die Fläche des verfügbaren Bodens ein.

• Problem Erosion

Mit dem Einsetzen der intensiven, industriellen Bodenbewirtschaftung und dem Zwang immer mehr Nahrungsmittel für immer mehr Menschen billig produzieren zu müssen, begann die Ausbeutung der Böden und ihre Degradation (vgl. Info-Box).
Trotz zahlreicher Schutzmaßnahmen gehen heute allein in den USA jährlich zwei Milliarden Tonnen Ackerboden durch Wind- und Wassererosion verloren, das entspricht einer Fläche von etwa 300000 ha. Der Verlust ist damit etwa doppelt so hoch wie das Maß der Bodenneubildung. Auch in Deutschland entstehen bedeutende Schäden durch Erosion. Besonders betroffen sind die landwirtschaftlichen Gunsträume, die Börden und Gäue, in denen jährlich etwa 20t/ha abgetragen werden. Extremwerte wurden auf Maisfeldern gemessen. Hier kann die Abtragung sogar 200t/ha pro Jahr betragen.

• Problem Bodenverdichtung und Luftbelastung

Die Mechanisierung der Landwirtschaft führte zum Einsatz immer größerer, schwererer und effektiverer Maschinen. Durch ihren Einsatz kommt es zu einer schädlichen Verdichtung der Böden, die z.B. den Wasserhaushalt sowie die Lebensbedingungen der Bodenorganismen und deren geoökologische Funktion beeinträchtigt.
Auch die Schadstoffe, die aus der Verbrennung fossiler Energieträger entstehen (SO_2, NO_x), belasten die Böden. Durch den Eintrag von Schwefel- und Salpetersäure (H_2SO_4, HNO_3) sinken die pH-Werte der Böden. In manchen Mittelgebirgsböden werden inzwischen Säuregrade gemessen, die denen einer Autobatterie entsprechen.

ⓘ Bodendegradation

Minderung des ursprünglichen Bodenwertes. Die Böden der Erde weisen in vielen Ländern bereits heute mittlere bis schwere Schädigungen auf. Die Situation verschlechtert sich von Jahr zu Jahr. Verursacht wird die Degradation durch die rasch wachsende Weltbevölkerung und ihre wirtschaftlichen Aktivitäten, in deren Folge Übernutzung und Umgestaltung von Pflanzendecken, Verdichtung und Versiegelung von Böden sowie Belastungen durch toxische organische und anorganische Stoffe auftreten. Schwere Bodendegradationen bedeuten Zerstörung menschlicher Lebensgrundlagen und können damit Hunger, Migration oder kriegerische Auseinandersetzungen auslösen.

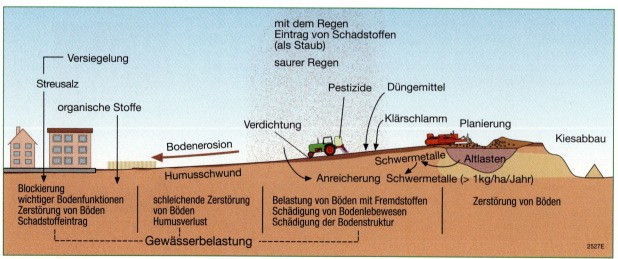

1: Vielfalt der Belastungen des Bodens durch menschliche Nutzung

Struktur und Entwicklung von Landschaft

• **Problem Versalzung**

Ein weiteres weltweites Problem, das die Bodendegradation fördert, ist die Versalzung der Böden. Vor allem in semiariden und ariden Gebieten kann durch intensive Bewässerung und Düngung die Entstehung zelltoxischer Salzkonzentrationen in den oberen Bodenschichten beschleunigt werden. Gerade in den Entwicklungsländern gehen große Flächen durch eine unsachgemäße Bewirtschaftung für die Erzeugung von Nahrungsmitteln verloren. Auch in unseren Böden können Schäden durch zu hohe Salzkonzentrationen entstehen. Maximale Ernteerträge können nur durch intensive Düngung erreicht werden. Die Nährstoffe aus Mineraldüngern und Gülle werden aber nur zum Teil von den Pflanzen verwertet. Über die Hälfte bleibt im Boden und schädigt die Mikroorganismen der oberen Bodenschichten. Die Überschüsse können in das Grundwasser versickern und Flüsse und Meere belasten.

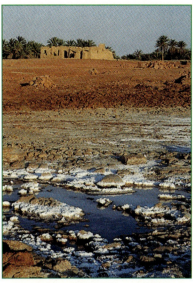

2: Versalzung in ariden Gebieten

Bodenschutz, eine nationale und internationale Aufgabe

Dem Schutz des Bodens wird in zahlreichen Ländern der Erde durch gesetzliche Regelungen zunehmend größere Beachtung geschenkt, so auch in Deutschland. Auszüge aus dem deutschen Bodenschutzgesetz:

§ 4   Pflichten zur Gefahrenabwehr
(1) Jeder, der auf den Boden einwirkt, hat sich so zu verhalten, dass schädliche Bodenveränderungen nicht hervorgerufen werden.
(2) Der Grundstückseigentümer .... ist verpflichtet, Maßnahmen zur Abwehr der dem Grundstück drohenden schädlichen Bodenveränderungen zu ergreifen.

§ 17   Gute fachliche Praxis in der Landwirtschaft
(2) Grundsätze der guten fachlichen Praxis der landwirtschaftlichen Bodennutzung sind die nachhaltige Sicherung der Bodenfruchtbarkeit und Leistungsfähigkeit des Bodens als natürliche Ressource. Zu den Grundsätzen ... gehört insbesondere, dass
– Bodenverdichtungen, insbesondere durch Berücksichtigung der Bodenart, Bodenfeuchtigkeit und des von den zur landwirtschaftlichen Bodennutzung eingesetzten Geräten verursachten Bodendrucks so weit wie möglich vermieden werden,
– Bodenabträge durch eine standortangepasste Nutzung, insbesondere durch Berücksichtigung der Hangneigung, der Wasser- und Windverhältnisse sowie der Bodenbedeckung möglichst vermieden werden.

Quelle: BGBl. I 1998, 502 (Auswahl)

Aufgaben

1. Nenne Gebiete und Staaten, die besonders von der Bodendegradation betroffen sind (Atlas).

2. Erläutere die Schutzwürdigkeit der Böden.

3. Fasse Ursachen und Art der Bodendegradation zusammen.

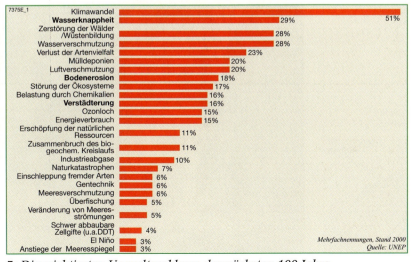

3: Die wichtigsten Umweltprobleme der nächsten 100 Jahre

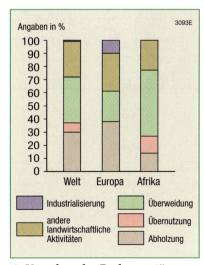

4: Ursachen der Bodenzerstörung

Bodenerosion – Fallbeispiele

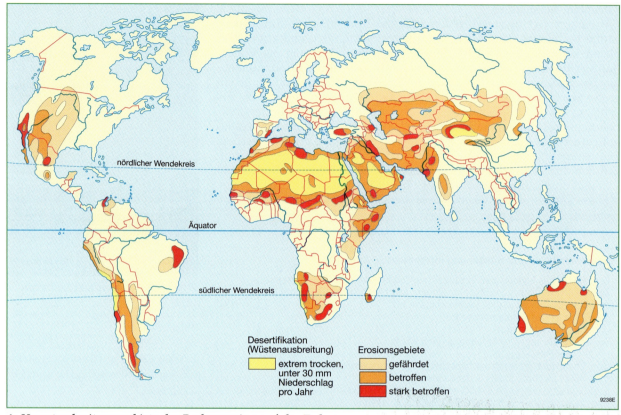

1: Hauptverbreitungsgebiete der Bodenerosion auf der Erde

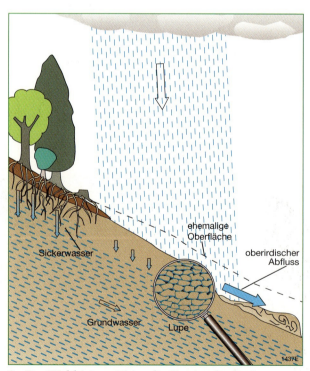

2: Der Wald ist zerstört – die Erosion beginnt

3: Erosionsschäden in Nepal

Struktur und Entwicklung von Landschaft

4: Die Dorfbewohner von Longbaosan fühlen die ganze Tragweite der Desertifikation vor ihrer Haustür

Bodendegradation und Desertifikation – Probleme im Reich der Mitte

Bei Longbaosan, einer Siedlung nahe Pekings, liegt die Front einer Invasionslinie, die "Chinas Staatsfeind Nummer 1" werden könnte: Jedes Jahr kriechen Sanddünen acht oder neun Meter dichter an die Siedlung heran. 2001 kamen heftige Sandstürme hinzu, die die Bevölkerung fast eine Woche hinderte, die Häuser zu verlassen. Selbst Peking wird immer häufiger von Staubstürmen verdunkelt. „*It looks like the end of the world. The rolling cloud of dust penetrates every crevice in the city,*" schrieb der Journalist David Murphy. Fast ein halbes Jahr hat es in den nördlichen Provinzen nicht mehr geregnet. Die Bevölkerung hat damit begonnen, neue Brunnen zu graben. Noch können die Gärten bewässert werden, aber der Sand kriecht durch die Schutzhecken und verleiht dem Dorf den Charakter einer sterbenden Oase.

Aufgaben

1. Beschreibe die regionale Verbreitung der Bodenerosion weltweit und begründe diese.

2. Erläutere die Degradations- und Desertifikationsgefahr in China. Nenne besonders gefährdete Gebiete (Atlas).

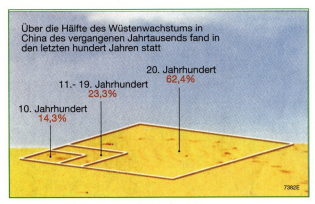

5: Die Ausdehnung der Wüste

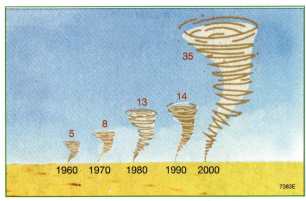

6: Anzahl von Sandstürmen pro Jahr

Methode: Bodenpraktikum

Ton

Schluff

Sand

1: Bestimmung der Bodenart

Analyse eines Bodenprofils
Bodenprofile kann man am leichtesten in Baugruben oder an Hängen gewinnen. Stich mit einem Spaten eine möglichst glatte Fläche ab, auf der Farb- und Strukturunterschiede deutlich erkennbar werden. Dabei empfiehlt es sich, folgende Arbeitsschritte zu beachten:
1. Beobachtung und Beschreibung des Profils,
2. Dokumentation des Profils (Foto und Zeichnung), verwende eine Messlatte oder einen Zollstock,
3. Untersuchung und Interpretation der Bodenhorizonte,
4. Entwicklung weiterführender Fragestellungen.

Hinweis: Bodenprofile können auch mit einem Bohrstock gewonnen werden. Die Bohrkerne kann man fixieren, dann eignen sie sich hervorragend für eine Ausstellung in der Schule. Fachbücher oder eine Internetadresse (Abb.3) helfen bei der genauen Bestimmung des Bodentyps.

Bestimmung der Bodenart
Die Bodenart kann durch die „Fingerprobe" bestimmt werden. Knete dabei eine kleine Bodenprobe zwischen Daumen und Zeigefinger, rolle sie zwischen den Handflächen.
Die Probe ist nicht formbar, sie bröckelt: Sandboden. Sie bindet, ist aber nur schwer formbar: lehmiger Sand. Sie ist deutlich formbar, ausrollbar: sandiger Lehm. Sie ist roll- und knetbar, keine Körner fühlbar: Lehm. Sie ist dünn ausrollbar, glänzende Flächen: Ton.
Wissenschaftlich genauer wird die Bodenart mit Siebsätzen oder durch Schlämmanalysen bestimmt. Gib zum Beispiel eine Probe trockener Feinerde in einen Messzylinder und notiere die Menge. Fülle den Zylinder mit Wasser auf und schüttle kräftig. Bestimme dann die Menge der abgesetzten Stoffe nach zehn Minuten und vergleiche mit den Prozentwerten der Abbildung.

Zweck: Die Bodenart gibt das Verhältnis der Korngrößengruppen an. Sie hat Einfluss auf die Bodenfaktoren Durchlüftung, Wasserhaushalt, Durchwurzelung, Bearbeitung und Bodenfruchtbarkeit.

Sedimentation der Bestandteile nach 10 min:

Sand	90%
lehmiger Sand	75%
sandiger Lehm	65%
Lehm	35%
Ton	<35%

2: Schlämmprobe

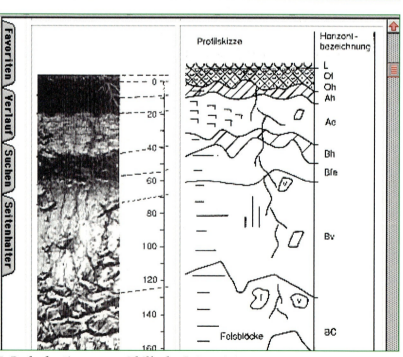

3: Bodenbestimmung mithilfe des Internets

Struktur und Entwicklung von Landschaft

Bestimmung des pH-Wertes

Nimm Bodenproben von verschiedenen Standorten. Mische eine kleine Probe gemörserten Bodens mit einem Bodenindikator und lass sie etwa zwei Minuten ruhen. Miss dann mit einem pH-Meter die Werte.

Zweck: Eine neutrale, saure oder basische Reaktion des Bodenwassers ist von der Konzentration freier H^+-Ionen abhängig. Der pH-Wert beeinflusst die Verwitterung, die Verfügbarkeit und Speicherung von Nährstoffen, das Edaphon (niedrige pH-Werte führen zu Schädigungen) und die Humusbildung. Auch Waldbäume und die Kulturpflanzen bevorzugen bestimmte Bodenmilieus.

pH-Wert	Eigenschaft
0 bis 4	sehr stark sauer
4 bis 5	stark sauer
5 bis 6	mäßig sauer
6 bis 7	schwach sauer
7	neutral
7 bis 8	schwach basisch
8 bis 9	mäßig basisch
9 bis 10	stark basisch
10 bis 14	sehr stark basisch

günstige pH-Werte für das Wachstum einzelner Pflanzen:

Kiefer	4,5-6,0	Tanne, Birke	5,0-6,0
Buche	6,0-8,0	Kartoffel	5,0-6,5
Tomate	5,0-7,5	Roggen	5,0-6,0
Weizen	6,5-7,5	Zuckerrübe	6,5-7,5

Bestimmung des Kalkgehalts im Boden

Nimm verschiedene Bodenproben über möglichst verschiedenen Ausgangsgesteinen. Versetze die Bodenproben mit verdünnter Salzsäure und beobachte die Reaktion. Schätze den Kalkgehalt nach folgenden Kriterien ein:

Reaktion	Kalkgehalt	Boden
kein Aufbrausen	unter 1 %	kalkfrei, -arm
schwaches Aufbrausen	1-3 %	schwach kalkhaltig
kurzes, deutliches Aufbrausen	3-5 %	kalkhaltig
anhaltendes Aufbrausen	über 5 %	stark kalkhaltig

Zweck: Kalk ($CaCO_3$) hat die Fähigkeit H^+-Ionen zu binden und verhindert damit eine Versauerung des Bodens. Eine zu hohe Kalkzufuhr kann jedoch zu einer Auswaschung insbesondere von K-Ionen und damit zu einer Verarmung des Bodens führen.

Bestimmung des Humusgehalts im Boden

Da Humus aus organischem Material besteht, verbrennen seine Bestandteile bei Erhitzung. Nimm Bodenproben von verschiedenen Bodentypen und aus verschiedenen Profiltiefen, lass sie an der Luft trocknen und wiege dann jeweils 10 g ab. Glühe sie durch und wiege sie erneut. Notiere nun den Humusanteil in Prozent.

Zweck: Humus baut ein günstiges Bodengefüge auf, indem er die Mineralkörner miteinander verbindet und ein hohes Gesamtporenvolumen schafft. Damit kann sich der Wasser- und Lufthaushalt des Bodens verbessern. Humus liefert ferner über die Humifizierung und Mineralisierung wertvolle Pflanzennährstoffe und ist ein effizienter Sorptionsträger.

→ Versuche zu folgenden Aufgabestellungen im Team Experimente zu entwickeln und stelle deine Ideen dem Plenum vor: 1. Bestimmung des Wassergehalts und der Wasserspeicherfähigkeit von Böden. 2. Entwicklung von Bakterienkolonien aus verschiedenen Böden. 3. Folgen der Versalzung. Entwickle selber Fragestellungen und geeignete Experimente.

Grübeln und Tüfteln

PISA-Aufgabe zur Ermittlung naturwissenschaftlicher Grundbildung: Ozon

Lies den folgenden Ausschnitt aus einem Artikel über die Ozonschicht.

Die Atmosphäre ist ein Ozean aus Luft und eine wertvolle natürliche Ressource für die Erhaltung des Lebens auf der Erde. Leider schädigen menschliche Aktivitäten, die auf nationalen/persönlichen Interessen beruhen, diese gemeinsame Ressource vor allem dadurch, dass sie die empfindliche Ozonschicht zerstören, die als Schutzschild für das Leben auf der Erde dient.

Ozonmoleküle bestehen aus drei Sauerstoffatomen im Gegensatz zu Sauerstoffmolekülen, die aus zwei Sauerstoffatomen bestehen. Ozonmoleküle sind äußerst selten: Auf eine Million Luftmoleküle kommen weniger als zehn Ozonmoleküle. Dennoch spielt ihr Vorhandensein in der Atmosphäre seit nahezu einer Milliarde Jahren eine entscheidende Rolle für den Schutz des Lebens auf der Erde. Je nachdem, wo das Ozon sich befindet, kann es das Leben auf der Erde schützen oder schädigen. Das Ozon in der Troposphäre (bis zu 10 km über der Erdoberfläche) ist „schlechtes" Ozon, das das Lungengewebe und die Pflanzen schädigen kann. Aber rund 90 Prozent des Ozons in der Stratosphäre (10 bis 40 km über der Erdoberfläche) sind „gutes" Ozon, das bei der Absorption der gefährlichen ultravioletten Strahlung der Sonne (UV-B) eine sehr nützliche Rolle spielt. Ohne diese nützliche Ozonschicht wären die Menschen wegen der verstärkten Einwirkung der ultravioletten Sonneneinstrahlung viel anfälliger für bestimmte Krankheiten. In den letzten Jahrzehnten hat der Ozongehalt abgenommen. 1974 wurde die Hypothese aufgestellt, dass Fluorchlorkohlenwasserstoffe (FCKW) eine Ursache dafür sein könnten. Bis 1987 war die wissenschaftliche Beurteilung von Ursache und Wirkung nicht überzeugend genug um FCKW verantwortlich zu machen. Im September 1987 trafen sich Diplomaten aus der ganzen Welt in Montreal und vereinbarten eine strenge Begrenzung der Verwendung von FCKW.

(aus: www.ipn.kiel.de/projekte/pisa/)

Löse die ersten zwei der insgesamt vier Teilaufgaben der PISA-Aufgabe Ozon.

Aufgabe 1: Im obigen Text wird nichts darüber gesagt, wie das Ozon in der Atmosphäre gebildet wird. Tatsache ist, dass jeden Tag Ozon gebildet wird und anderes Ozon verschwindet. Die Bildung von Ozon ist im folgenden Comicstrip illustriert.

Nehmen wir an, du hättest einen Onkel, der versucht, die Bedeutung dieses Comicstrips zu verstehen. Er hatte allerdings keine naturwissenschaftlichen Unterricht in der Schule und versteht deshalb nicht, was der Autor hier erklärt. Er weiß, dass es keine kleinen Männchen in der Atmosphäre gibt, aber er fragt sich, was denn diese Männchen im Comicstrip darstellen, was diese seltsamen Bezeichnungen O_2 und O_3 bedeuten und welche Prozesse der Comicstrip beschreibt. Er bittet dich, ihm den Comicstrip zu erklären. Nimm an, dass dein Onkel weiß:
– dass O das Symbol für Sauerstoff ist;
– was Atome und Moleküle sind.

Schreibe eine Erklärung des Comicstrips für deinen Onkel. Verwende in deiner Erklärung die Wörter Atome und Moleküle so, wie sie in den Zeilen 10 und 11 verwendet werden.

Aufgabe 2: Ozon entsteht auch bei Gewittern. Es verursacht den typischen Geruch nach einem Gewitter. Der Autor unterscheidet in den Zeilen 19-26 zwischen „schlechtem Ozon" und „gutem Ozon". Ist das Ozon, das bei Gewittern entsteht, nach den Aussagen des Artikels „schlechtes Ozon" oder „gutes Ozon"? Wähle die Antwort und die Erklärung, die im Text gegeben ist.

	Schlechtes Ozon oder gutes Ozon?	Erklärung
A	Schlecht	Es entsteht bei schlechtem Wetter.
B	Schlecht	Es entsteht in der Troposphäre.
C	Gut	Es entsteht in der Stratosphäre.
D	Gut	Es riecht gut.

Struktur und Entwicklung von Landschaft

Das Wichtigste kurz gefasst:

Mensch als Nutzer und Gestalter

Insbesondere durch das Leben und Wirtschaften wurden ursprüngliche Naturlandschaften in Kulturlandschaften umgewandelt. Ihre regionale Ausprägung erhalten sie durch die Wohnfunktion (Art und Verteilung menschlicher Siedlungen), durch die Art der wirtschaftlichen Tätigkeit (agrarische Landnutzung, Rohstoffgewinnung, Industrie und Gewerbe) und die Ausbildung des Verkehrsnetzes.

System der Geofaktoren

Große Landschaftsgebiete der Erde mit typischen Naturmerkmalen bezeichnet man als geographische Zonen. Sie ziehen sich annähernd breitenparallel über das Festland und sind durch die Ausprägung und das Zusammenspiel der Geofaktoren charakterisiert.

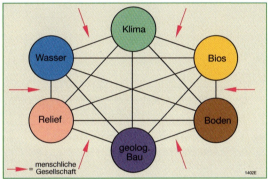

Geofaktor Klima

Die Atmosphäre stellt die Schutzhülle unseres Planeten dar. In ihrer untersten Schicht, der Troposphäre, findet fast das gesamte Wettergeschehen statt. Der Wetterablauf in Deutschland ist abhängig davon, aus welchen Herkunftsgebieten die Luftmassen kommen. Unser Wetter wird vor allem durch West-Wetterlagen bestimmt.

Geofaktor Boden

Als Boden wird die oberste Verwitterungsschicht der Lithosphäre bezeichnet. Er ist das Produkt Boden bildender Faktoren. Hierzu gehören das Ausgangsgestein, Klima, Relief, Wasser, Bios und der Mensch. Je nach Grad der Verwitterung und nach den chemischen Eigenschaften des Ausgangsgesteins gibt es unterschiedliche Bodenarten (z. B. Sand-, Lehm-, Löss- oder Kalkboden). Zu den wichtigsten Bodentypen in Thüringen gehören die Schwarz- und Braunerde. Böden sind komplexe und empfindliche Systeme. Weltweit sind bereits bis zu 60 Prozent des für den Ackerbau nutzbaren Bodens geschädigt. Bodenschutz ist deshalb eine wichtige Aufgabe und wird in vielen Ländern, so auch in Deutschland, gesetzlich geregelt.

Grundbegriffe

Kulturlandschaft
Klima
Geofaktor
Atmosphäre
Wetter
Troposphäre
Treibhauseffekt
Zyklone

Das im Bau befindliche größte Pumpspeicherwerk Deutschlands im südthüringischen Goldisthal (Landkreis Sonneber Es ist bereits zu 90 Prozent mit Wasser gefüllt.

Anthropogene Eingriffe

Im unteren Bildteil ist das 18,9 Millionen Kubikmeter Wasser fassende Unterbecken mit der Staumauer zu sehen.

Eingriffe durch Bergbau

Aufgaben

1. Nenne Beispiele für Renaturierung im Heimatgebiet. Haben die Projekte ihre Ziele erreicht?

2. Welche Schwierigkeiten treten auch weiterhin bei den Sanierungsarbeiten im Wismutgebiet auf? Welche Vorsichtsmaßnahmen sind unbedingt notwendig?

Uranerz ist auch ein Gestein

Erz ist ein Gestein, das Metall enthält. Die Uranerze im Ronneburger Revier entstanden wie Sedimentgesteine. Die Uranerzlagerstätten im Bergrevier Schneeberg-Schlema-Aue entstanden beim Erstarren von Magma. Dabei wurden metallhaltige Lösungen in Risse des umgebenden Gesteinskörpers gepresst. Dort kristallisierten sie zu Erzgängen aus.

Berge entstehen, Berge werden versetzt – Fallbeispiele Ronneburg und Schlema

Nach über vier Jahrzehnten wurden 1990/91 der Uranerzbergbau und die Uranerzaufbreitung in den Gebieten Gera-Ronneburg, Aue-Schlema-Schneeberg und Dresden-Königsstein eingestellt. Seitdem versucht das Bundesunternehmen Wismut GmbH diese Landschaften zu sanieren. So verschwinden die bis 100 m hohen Spitzkegelhalden wieder allmählich aus dem flachwelligen Hügelland um Ronneburg. Die steil aufgeschütteten Halden an den Hängen des erzgebirgischen Schlematales werden abgetragen oder abgeflacht und begrünt.

Ronneburg: Halden wandern in Tagebaurestlöcher

Wie sah es nach dem Uranerzbergbau aus? Schachtanlagen, Abraumhalden, Schlammteiche und das Tagebaurestloch Lichtenberg mit Ausmaßen von 1,6 km Länge, 900 m Breite und 160 m Tiefe hatten tiefe Wunden in der Naturlandschaft hinterlassen. 1991 begann mit der Umlagerung der Gessenhalde in das Tagebaurestloch die „Kipperflotte" ihr tägliches Pensum von 40000 m³ Haldenmaterial: Laden – Transport – Einbau und wieder von vorn. Im Jahr 2007 sollen alle vorgesehenen Ronneburger Halden abgetragen und das Restloch Lichtenberg komplett verfüllt sein. Die schematische Darstellung zeigt den Bau der Halde (Haldenblockmodell) und die Einlagerung des Materials in drei Zonen. Ausschlaggebend für diese Anordnung ist der Schadstoffgehalt und das Säurebildungsvermögen des Abraums. So liegt Haldenmaterial mit dem höchsten Säurebildungspotenzial unten in Zone A und oben in Zone C Säure konsumierendes Gestein.

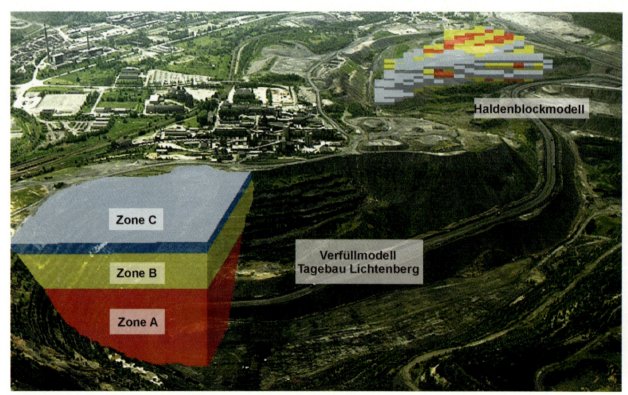

1: Verfüllung des Tagebaus Lichtenberg

Anthropogene Eingriffe

Bei Schlema entstehen Landschaften nach Maß

Im Unterschied zur hügelig gewellten Landschaft um Ronneburg liegt das sächsische Bergbaugebiet um Schlema im Erzgebirge. Das hatte zur Folge, dass nur wenige Spitzkegelhalden aufgeschüttet wurden, meistens erfolgte eine Anschüttung an Berghänge in unmittelbarer Nähe der Wohnbebauung der Gemeinde Schlema. Die Halden rückten den Wohnhäusern immer näher und bedrohten sie mit ihren teilweise sehr steilen Neigungen, da wegen des fehlenden Bewuchses die Standsicherheit der Böschungen nicht gegeben war. Hinzu kamen noch die Gefahr der Staubabwehung und des Radonaustrittes von den freiliegenden kahlen Haldenflächen sowie die Abspülung entlang zunehmender Erosionsrinnen. Nach ersten Maßnahmen zur sofortigen Gefahrenabwehr erfolgten 1990 bis 1994 umfangreiche Arbeiten zur Abflachung der Haldenböschungen auf stabile Neigungen. Anschließend wurde eine meterdicke Zweischichtabdeckung (80 cm kulturfähiger Unterboden und 20 cm humusreicher Oberboden) aufgebracht und anschließend begrünt.

Die Abb. 2 zeigt eine Vielzahl von Haldensanierungen, die zur „Gestaltung umweltverträglicher Arbeits-, Wohn- und Lebensbedingungen" (= Zielstellung des Projektes) beitragen. Daneben gibt es auch hier Haldenumlagerungen unter Einsatz riesiger Kipper. So wurde die Halde 250 (Volumen 1 Mio. m³), die sich in der Ortslage Schlema befand, einschließlich des verseuchten Aushubes ihrer Standfläche, zur Auffüllung in das Senkungsgebiet Oberschlema umgelagert.

Vorsicht, Radon strahlt

Radon ist ein radioaktives Edelgas aus der Uran-Radium-Zerfallsreihe. Es gelangt mit dem zirkulierenden Bodenwasser an die Erdoberfläche, abgepumptes Grundwasser kann auch belastet sein. Radon entweicht aus oberflächennahen Stollen über Risse und Spalten und dringt so auch in Gebäude ein. Die Abluft aus Wetterschächten, Erzaufbereitungsanlagen und Schlammteichen geben Radon ab. Großflächige Messprogramme überwachen die Radonkonzentration.

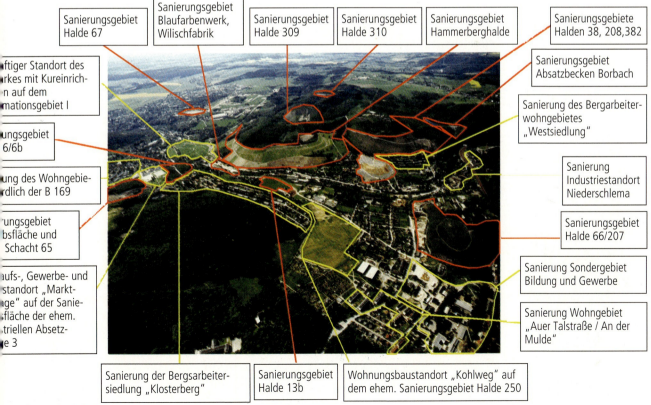

2: Expo-Projekt „Revitalisierung der Gemeinde Schlema"

„Neue Landschaft Ronneburg"

So heißt die eine Kernzone der Bundesgartenschau Gera-Ronneburg 2007 mit dem Thema „Von Stadtpark zu Stadtpark", die andere ist der Hofwiesenpark Gera. Es ist die erste Bundesgartenschau, die einen Landschaftsraum zwischen zwei Städten mit einbezieht. Dieser Grünzug beginnt in Ronneburg und führt durch das Tal des Gessenbaches, einem Nebenflüsschen der Weißen Elster, nach Gera. Hier werden umfangreiche Erstaufforstungen vorgenommen und zahlreiche Möglichkeiten für Naherholung und Freizeit geschaffen.

Die Preisträger des europaweiten Ideen- und Realisierungswettbewerbes „Neue Landschaft Ronneburg" planen auf der ehemaligen Bergbaufläche einen Landschaftsraum mit neuer Prägung. Größere Flächen an Wald- und Gehölzbeständen sowie die naturnah gestaltete Bachaue im Kontrast zu den gärtnerisch gestalteten Hoch-

1: Logo der Bundesgartenausstellung 2007

2: Das Brunnenhaus in der Parkanlage Brunnenholz erinnert an die Urquelle, die hier erschlossen wurde und die Grundlage des Radiumbades Ronneburg bildete

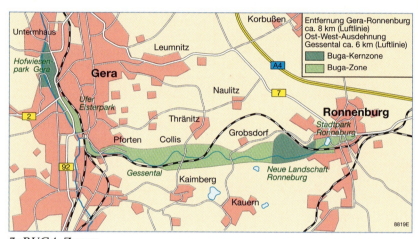

3: BUGA-Zonen

flächen entsprechen der Forderung nach einer differenzierten Landschaftsgestaltung im Sanierungsgebiet.

Der Stadtrat von Ronneburg hat daraufhin die Preisträger mit der Vorplanung für die Kernzone beauftragt. Der Verein zur Förderung der Bundesgartenschau Gera-Ronneburg 2007 e.V. hat sich zum Ziel gesetzt, die Öffentlichkeit allseitig über den Stand der Vorbereitung und Verwirklichung der einzelnen Projekte zu informieren und zur Mitarbeit anzuregen.

Aufgabe

1. Informiere dich über die Ursachen und Wirkungen der Radioaktivität.

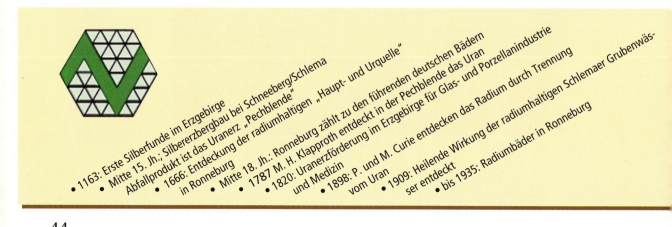

- 1163: Erste Silberfunde im Erzgebirge
- Mitte 15. Jh.; Silbererzbergbau bei Schneeberg/Schlema
- Abfallprodukt ist das Uranerz „Pechblende"
- 1666: Entdeckung der radiumhaltigen „Haupt- und Urquelle" in Ronneburg
- Mitte 18. Jh.: Ronneburg zählt zu den führenden deutschen Bädern
- 1787 M. H. Klapproth entdeckt in der Pechblende das Uran
- 1820: Uranerzförderung im Erzgebirge für Glas- und Porzellanindustrie und Medizin
- 1898: P. und M. Curie entdecken das Radium durch Trennung vom Uran
- 1909: Heilende Wirkung der radiumhaltigen Schlemaer Grubenwässer entdeckt
- bis 1935: Radiumbäder in Ronneburg

Anthropogene Eingriffe

„Ort mit Heilquellenkurbetrieb"

Dieses Prädikat erhielt die Gemeinde Schlema 1998. Welch eine Wiedergeburt – das Radiumbad Oberschlema war zwischen den beiden Weltkriegen weltbekannt. Sonderzüge mit Kurgästen fuhren von Berlin direkt bis zum Bahnhof Oberschlema. Das Kaiser-Wilhelm-Institut Frankfurt am Main errichtete eine Außenstelle zur Erforschung der Wirkung des Radons auf den Menschen (heute ist in dem Gebäude das Bundesamt für Strahlenschutz tätig).

Die Wiederaufnahme des Kurbetriebs 1946 erfuhr ein jähes Ende als sowjetische Geologen mit Probebohrungen nach dem strategisch wichtigen Uranerz begannen, daneben öffnete man wieder stillgelegte Silberbergwerke und durchsuchte sogar alte Halden. Der rasch wachsende Bergbau führte 1952 zum Abriss des gesamten Kurviertels. Die Eröffnung des neuen Kurmittelhauses in einem neuen Kurpark auf

Radon kann heilen

Während die Dauerbelastung des menschlichen Körpers durch das radioaktive Edelgas zu gesundheitlichen Schäden führt, haben genaue Dosierungen eine heilende Wirkung. Bade-, Trink- oder Inhalationskuren finden neben Heilschlammpackungen Anwendung zur Schmerzlinderung vor allem bei Rheuma, Gicht, Ischias und nach Gelenkprothesenoperationen. Aber auch Hauterkrankungen werden kuriert und es wird Herz- und Kreislauferkrankungen vorgebeugt. Im Prospekt der Kurgesellschaft Schlema mbH heißt es: „Radon ist ein natürliches Heilmittel und ein Stimulus zur funktionellen Reaktivierung körpereigener Selbstheilungskräfte."

4: Der neue Kurpark nimmt Gestalt an

altem Haldenmaterial soll nun auch Signalwirkung für die Wiederbelebung der Wirtschaft in dieser einst recht einseitig strukturierten Region haben. Neben den oberflächig sichtbaren Veränderungen spielt der Schutz der Grundwasserleiter auf lange Sicht eine dominierende Rolle, besonders wenn sie in der Nähe von Heilquellen liegen. Die Wismut GmbH muss seit 1990 ca. 1400 km Stollen und 56 Schächte mit bis über 1000 m Tiefe verwahren, das heißt auch Entsorgung von Wasserschadstoffen.

Aufgaben

2. Erörtert die Perspektiven, die sich aus der Einstellung des Uranbergbaus für die Region und die dort lebenden Menschen ergeben.

3. Informiere dich über Sanierungskonzeptionen für die Bergbaufolgelandschaft. Äußere dich zu Möglichkeiten ihrer Realisierung.

1918: Eröffnung des „stärksten Radiumbades der Welt" – Oberschlema
1938: O. Hahn und F. Strassmann entdecken die Uranspaltung
1945: USA werfen Atombomben auf Hiroshima und Nagasaki
Ende 1946: Einstellung des Kurbetriebes in Schlema
1947: Sowjetische Besatzungsmacht gründet die SAG Wismut Aue
1947–1953: Uranerzlieferungen als Reparationsleistungen
1949: Abbau von Uranerz in Tagebauen um Seelingstädt/Ronneburg
1949: Erste sowjetische Atombombe erprobt
1954: Erstes Kernkraftwerk bei Moskau in Betrieb
1954: Gründung der Sowjetisch-Deutschen Aktiengesellschaft Wismut, Stammbelegschaft ca. 45 000
1958: Beginn der Arbeiten im Tagebau Lichtenberg (max. 230 m tief)
1965: Aufschluss der Uranerzlagerstätte Königstein
Ende 1990: Einstellung der Förderung der SDAG Wismut mit 42 000 Beschäftigten und 56 Schächten (Ende 1989)
SDAG Wismut wird in eine GmbH umgewandelt
bis 2005/2010: Sanierung und Rekultivierung der Folgelandschaft des Uranerzbergbaus durch die Wismut GmbH

Eingriffe in das Gewässernetz

1: Plakat des BUND für Umwelt und Naturschutz Deutschland

Aufgabe

1. Stelle die im Text genannten Gründe für Flussbegradigungen zusammen.

Flussbegradigung - mäandrieren verboten!

Als Ingenieure zu Beginn des 19. Jahrhunderts damit begannen große Flüsse zu begradigen, standen zwei Ziele im Mittelpunkt der Planungen: Zum einen sollte ein besserer Hochwasserschutz gewährleistet werden und zum anderen wollte man die Bedingungen für die Schifffahrt verbessern. Als einer der wichtigsten Verkehrswege ist damals der Rhein ausgebaut worden.

Die Ergebnisse dieser Maßnahmen wurden von vielen Menschen begrüßt. Mit den **Flussbegradigungen** fielen gleichzeitig die feuchten Flussauen trocken. Während man früher die ufernahen Bereiche beim Bau von Verkehrswegen und Siedlungen wegen der Hochwassergefahr meiden musste, konnte man sie nun bebauen.

Auch im Zuge der **Flurbereinigung**, durch die größere zusammenhängende Flurstücke geschaffen wurden, ist das Gewässernetz verändert worden. Große Flächen ermöglichen einen rationelleren Maschineneinsatz und sind daher für den Landwirt rentabler zu bewirtschaften. Man führte nicht nur Flussbegradigungen durch, sondern man verlegte auch kleine Flussläufe. Dadurch trockneten die in Gewässernähe gelegenen Gebiete aus. Nun war es möglich früher feuchtes Wiesen- und Weideland in Ackerflächen umzuwandeln.

Fast zwangsläufig musste mit den Begradigungen und Umlegungen der Bäche die Ufervegetation abgeschlagen werden. An den Stellen, an denen einst Büsche und Bäume wuchsen, befinden sich nun oftmals Steine, Schotterflächen, Folie oder Betonplatten. Manche kleine Gewässer wurden sogar verrohrt und verschwanden damit vollkommen aus dem Landschaftsbild. So schufen planende Menschen in den vergangenen Jahrzehnten für viele Gewässer eine neue Ordnung. Die Flüsse und Bäche mussten sich dem Willen der Planer beugen. Doch Eingriffe in den Naturhaushalt haben stets auch Folgen.

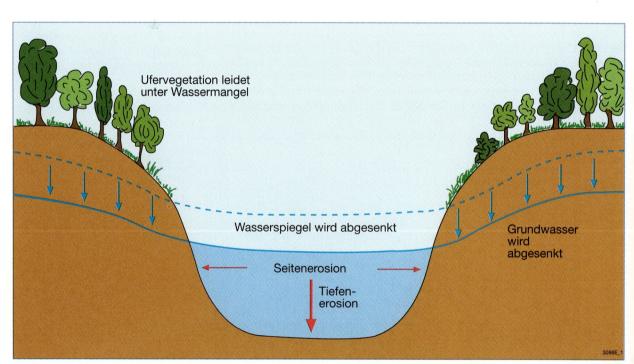

2: Auswirkungen einer Bachbegradigung auf Grundwasserhorizont und Bachquerschnitt

Anthropogene Eingriffe

3: „Jetzt wird mal ganz konsequent nach den Ursachen des Hochwassers gesucht!"

4: Abfluss auf bewaldeter und unbewaldeter Fläche in einem Versuchsgebiet im Schwarzwald

Zurück zu den alten Lebensräumen – Rückbau von Flüssen und Bächen

Schon bald nach den Begradigungsmaßnahmen zeigten sich auch negative Auswirkungen. Das nun in ein schmales, gerades Bett eingepferchte Gewässer konnte bedeutend schneller fließen und so seine Erosionskraft voll entfalten. Steine, ja selbst Betonplatten, boten nur einen unvollkommenen Schutz gegen die Kraft des Wassers. Die Flusssohle wurde immer tiefer ausgeschürft, die Uferböschungen erhielten eine steilere Form, wurden unterspült und brachen ab.

Während früher die Hochwasserwellen durch die Ufervegetation der Fluss- und Bachauen etwas aufgehalten wurden, schossen sie nun mit verheerender Kraft zu Tal. Der erhoffte Hochwasserschutz stellte sich als trügerisch heraus. In einem natürlichen Flussbett bleibt auch bei großer Trockenheit immer etwas Wasser zurück. Besonders in den Schlingen bilden sich Vertiefungen, in denen sich Wasser sammelt. Ein kleiner, künstlicher Wasserlauf ist hingegen vom Austrocknen bedroht: Das Wasser fließt zu schnell ab. Grundwasser und Fließgewässer stehen im engen Austausch. Bei langsam abfließendem Hochwasser erhöht das Flusswasser den Grundwasserspiegel. Sinkt der Flusswasserspiegel, „hilft" das Grundwasser „aus", indem ein Teil von ihm in den Fluss abgegeben wird. Bei einem schnell fließenden Gewässer ist dieser Austausch empfindlich gestört. Deutlich zeigt sich das zum Beispiel am Oberrhein, wo im ufernahen Bereich eine Versteppung der Landschaft stattgefunden hat. Natürliche Pflanzen- und Tiergesellschaften wurden vernichtet.

Als Konsequenz dieser Erfahrungen führt man seit einigen Jahren den Rückbau begradigter Gewässer durch. Viele der „neuen" Flussbetten entsprechen den ursprünglichen Flussläufen. Mäander sind nicht mehr „verboten". Mit großem Aufwand werden wieder Ufergehölze angepflanzt. Man hofft auf diese Weise die negativen Auswirkungen der Begradigungsmaßnahmen aufheben zu können.

Aufgaben

2. Stelle mithilfe des Textes und Abb. 2 alle negativen Auswirkungen von Flussbegradigungen zusammen.

3. Worin liegt deiner Meinung nach der größte Nachteil bei den Flussbegradigungen?

4. Besonders der ufernahe Bereich ist bei Begradigungen von Austrocknung bedroht.
Nenne die Hauptursachen dafür.

5. Häufig kann Ufervegetation einen Gewässerlauf weit besser schützen als es Steine und Beton können.
Begründe diese Aussage.

Fallbeispiele: Rhein und Havel

Das integrierte Rheinprogramm

Am 7.11.1988 hat der Ministerrat des Landes Baden-Württemberg das „Integrierte Rheinprogramm" verabschiedet. Es berücksichtigt die langjährigen Erfahrungen und enthält einen umfangreichen Katalog notwendiger Maßnahmen. Von besonderer Bedeutung – vor allem auch für den Hochwasserschutz am Mittel- und Niederrhein – ist die Reaktivierung früherer großflächiger Überflutungsgebiete zu Poldern. Für das Polderprogramm sollen bis zum Jahre 2020 insgesamt etwa 12 Milliarden Euro bereit gestellt werden.

Die Gestaltung derartiger Rückhalteräume lässt erkennen, dass es dabei nicht nur um Hochwasserschutz und **Renaturierung** geht. Die komplexen Nutzungsziele sind auch darauf ausgerichtet, den wirtschaftlich bedeutsamen Kiesabbau weiterhin zu ermöglichen.

Alle Maßnahmen sind eingebettet in die Anstrengungen, die Bewirtschaftung des Rheins zu optimieren. Dazu haben sich seit mehr als 40 Jahren die Anrainer-Staaten Schweiz, Deutschland, Frankreich, Belgien, die Niederlande und Luxemburg zur „Internationalen Konferenz zum Schutz des Rheins" zusammengeschlossen. Gemeinsame Bemühungen und gesetzliche Regelungen führten im Verlauf der neunziger Jahre zur Verbesserung der Wasserqualität des Rheins. Erste positive Ergebnisse zeigen auch die Bemühungen, die naturnahe Regelung des Wasserhaushalts und des Abflussgeschehens wieder herzustellen.

Polder

Der Begriff Polder kommt aus dem Niederländischen. Man bezeichnet damit Flächen an der Küste oder am Ufer eines Flusses, die mit einem Deich umgeben sind. Schwillt ein Fluss bei Hochwasser an, lässt man die Polder mit Wasser volllaufen. So kann das Wasser zurückgehalten und die Gefahr von Überschwemmungen abgewendet werden.

Aufgabe

1. Nenne positive und negative Auswirkungen der Eingriffe in das Flusssystem des Rheins.

Hochwasser wird immer wichtiger im Land
Polder retten Rheinauen – Planmäßige Überflutung am Oberrhein – Integriertes Rheinprogramm

Das Programm sieht vor, die Risiken wieder abzumindern, die für Mensch und Natur in den letzten nahezu zwei Jahrzehnten durch die ganzjährige volle Schiffbarmachung des Oberrheins bis Basel und die Energiegewinnung an Rheinstaustufen heraufbeschworen wurden. Gleichzeitig sollen die fast ständig verschwundenen Rheinauen mit ihrer inzwischen stark beeinträchtigten Tier- und Pflanzenwelt wenigstens teilweise wieder rückgewonnen werden.

Eine Internationale Hochwasserkommission hat eine Wiederherstellung der Hochwassersicherheit angemahnt. Diese Kommissionsforderung ging in die deutsch-französische Vereinbarung von 1982 über den Ausbau des Rheins zwischen Straßburg/Kehl und Neuburgweiler/Lauterburg ein. Schon bald erkannte man aber, dass die vereinbarten, zum Teil auch schon realisierten Vorkehrungen unzureichend waren und ökologische Belange stärker berücksichtigt werden sollten. So entstanden schließlich in Abstimmung zwischen Frankreich, Baden-Württemberg und Rheinland-Pfalz ein Bündel weiterer Plan-Maßnahmen und das Integrierte Rheinprogramm, das auf der badenwürttembergischen Rheinseite zwischen dem Kulturwehr Breisach und der Rheinschanzinsel südlich von Mannheim dreizehn Hochwasserrückhalteflächen vorsieht, die bei Hochwasser zur Entlastung des Flusses und zur Vermeidung unkontrollierter Überflutungen zusammen 170 Millionen Kubikmeter Flutwasser aufnehmen sollen. Um den Zu- und Abfluss von Überflutungswasser in den entstehenden Poldern zu steuern und betriebssicher regulieren zu können, müssen Deiche erneuert, verstärkt und verändert, Regulierungsvorrichtungen gebaut werden. Dafür werden in Baden-Württemberg mehr als 400 Millionen Euro und ungefähr 15 Jahre benötigt.

Wenn das Rheinprogramm fertig ist, für das in Frankreich noch Überflutungsflächen für 55 Millionen und in Rheinland-Pfalz für 45 Millionen Kubikmeter Flutwasser entstehen, können damit auch größte Hochwasser reguliert werden, wie sie nach historischer Erfahrung alle 200 Jahre einmal vorkommen.

Um die Rheinauen zu renaturieren, sollen die entstehenden Polder auch bei nur geringen Hochwassern von Zeit zu Zeit geflutet und darüber hinaus besser miteinander vernetzt werden. So könnten sich nach Einschätzung der Ökologen nicht nur gefährdete Tier- und Pflanzenarten wieder ansiedeln, sondern es entstünden auch neue Erholungsräume für die Menschen.

(Staatsanzeiger Baden-Württemberg 18.9.2000, gekürzt)

1: Das Integrierte Rheinprogramm

Anthropogene Eingriffe

Havelausbau – für und wider

In den Bemühungen, die Verkehrsinfrastruktur im östlichen Teil Deutschlands zu modernisieren und zum Beispiel die Wasserstraßen an den westlichen Standard anzupassen, spielt der Schifffahrtsweg zwischen Hannover und Berlin eine besondere Rolle. Vor allem um den Ausbau der Havel zu einer Großschifffahrtsstraße ist ein heftiger Streit entbrannt.

Die Gegner des Vorhabens befürchten, dass die geplanten Eingriffe den besonderen natürlichen und kulturhistorischen Reiz der Havellandschaft zwischen Potsdam und Brandenburg beeinträchtigen. Sie vermuten, dass eine Absenkung des Grundwasserspiegels negative Auswirkungen auf die charakteristische Flora und Fauna des Gebietes hat und auch zu Schäden an Kunstdenkmälern im Uferbereich führen kann. Betont wird, dass die Binnenschifffahrt nur dann ökologischen Ansprüchen gerecht wird, wenn die Transportmittel an die Flüsse „angepasst" werden und nicht der umgekehrte Weg gewählt wird.

Die Befürworter des Havelausbaus verweisen darauf, dass dieser Fluss schon seit den Mühlenstaus im 13. Jahrhundert mehrfach umgestaltet wurde und dabei kaum etwas vom kulturhistorischen Reiz eingebüßt hat. Auf den Ausbau der Binnenschifffahrt könne nicht verzichtet werden, wenn die Entlastung von Straßen angestrebt wird. Der Streit um den Ausbau der Havel ist noch nicht beendet.

Aufgabe

2. Fasse die Pro-und-Kontra-Argumente des Havelausbaus zusammen (Atlas). Nenne grundsätzliche Interessenkonflikte. Formuliere deinen Standpunkt und begründe ihn.

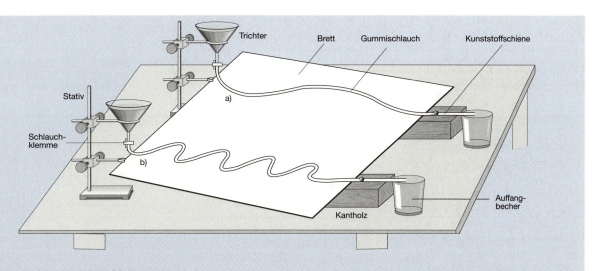

Benötigte Materialien und Geräte

1 Brett ca. 160 cm lang und ca. 60 cm breit; 6 m Gummischlauch; 2 Kunststofftrichter; 2 Schlauchklemmen; 1 Rolle Draht; 1 Kunststoffschiene; 2 Kugeln; 4 Becher; Kanthölzer; 2 Stative; Schraubendreher; Handbohrer oder Bohrmaschine; Bleistift; Neigungsmesser; Stoppuhr(en); Lineal

Durchführung

- Fülle die jeweils gleichen Mengen Wasser (ca. 200 ml) in die Trichter.
- Öffne die beiden Schlauchklemmen gleichzeitig und betätige die Stoppuhren. Halte die Uhren an, sobald das erste Wasser aus dem Schlauchende tritt. Miss mit einem Lineal, wie weit die Kugeln jeweils transportiert wurden.

Aufgaben

1. Stelle die wichtigsten Ergebnisse des Experiments in einem Protokoll zusammen.
2. Übertrage die Ergebnisse des Experiments zur Flussbegradigung auf die anthropogenen Eingriffe in das Ökosystem des Rheins. Gehe dabei insbesondere auf Ursache-Wirkungsbeziehungen ein.

Elbhochwasser – eine länderübergreifende Katastrophe

Die Jahrhundertflut – an der Elbe im August 2002

Gebirgsbäche verwandeln sich in reißende Ströme. Sie reißen Autos wie Streichholzschachteln mit sich. Der Straßenbelag wird abgedeckt. Eisenbahnzüge stehen im Dresdner Hauptbahnhof fast vollständig unter Wasser. Wassermassen durchschlagen Schaufensterscheiben und räumen das Ladeninventar aus. Ganze Häuser stürzen in die Fluten und schwimmen den Eigentümern und Mietern davon. Vom sächsischen Ort Weesenstein bleibt nur die Burg stehen.
Schwere Lastkähne werden in Tschechien aus ihren Verankerungen gerissen und müssen von Spezialeinheiten der Polizei gesprengt werden, damit sie auf deutscher Seite keine Brücken zerstören können. Dämme halten nicht stand. Die Wassermassen überfluten Felder und Ortschaften. Zehntausende Menschen werden evakuiert. Helfer, darunter viele Jugendliche und Schüler, füllen Millionen von Sandsäcken und stapeln sie zu Wällen an den Ufern der Flüsse auf, die inzwischen ihr Flussbett um das Mehrfache verbreitert haben. Menschenleben sind zu beklagen. Zehntausende haben kein zu Hause mehr. Die Ergebnisse von zwölf Jahren „Aufbau Ost" in den neuen Bundesländern sind zu einem großen Teil zunichte gemacht.

Wie kam es zur Katastrophe?

Schuld daran waren lang anhaltende Starkniederschläge, die besonders am 12./13. August 2002 durch das Tiefdruckgebiet „Ilse" südlich unseres Raumes verursacht wurden. Dieses Tief zog auch Polarluft weit in den europäischen Süden. Dabei erwärmten sich die kalten Luftmassen und stiegen auf. So kam es zu einer enormen Wolkenbildung. Die großen Wolkenfelder regneten sich über Nordböhmen und den angrenzenden Gebieten ab.
Das durch den Bergbau „löchrige" Erzgebirge wirkt wie ein Schwamm und kann so eigentlich viel Niederschlag speichern. Ist der Schwamm jedoch mit Wasser gesättigt, fließt dieses nach allen Seiten ab und lässt die Gebirgsbäche stark anschwellen. Wegen des Elbhochwassers wurden die Nebenflüsse zurückgestaut, das verschärfte die Hochwassersituation noch.

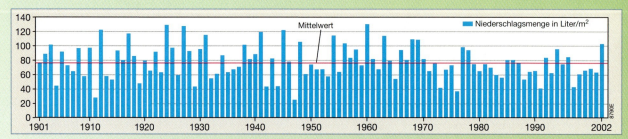

Durchschnittliche Augustniederschläge für Deutschland 1901-2002

Anthropogene Eingriffe

Die Fotos zeigen die Überschwemmungen in Dresden am 16./17. August 2002

Aufgaben

1. Orientiere dich mithilfe deines Atlas über das Einzugsgebiet der Elbe und schlussfolgere auf ihre Überschwemmungsgebiete.

2. Informiere dich über die Wolkenbildung und erkläre, wie der Starkregen im August 2002 zu Stande kam.

3. Beschreibe die Auswirkungen der Flutkatastrophe für die Menschen, die Wirtschaft und das Verkehrswesen.

4. Diskutiert Maßnahmen des Hochwasserschutzes.

5. Erläutere, warum eine derartige Flutkatastrophe ein länderübergreifendes Problem ist.

Jahr	Monat	Maximaler Pegelstand (in cm)
1501	August	866
1510	März	838
1515	Juli-September	838
1566	Januar-März	866
1655	Februar	897
1784	Februar-März	859
1845	März-April	904
1862	Februar	824
1890	September	837
2002	August	940

Der durchschnittliche Pegel liegt bei 186 cm.

„Flutkatastrophe muss Anlass für mehr Naturschutz sein"

Bonn, 20. August 2002: Angesichts der dramatischen Flutkatastrophe in Süd- und Ostdeutschland sowie in Tschechien und Österreich mahnt das Bundesamt für Naturschutz (BfN) einen sorgsameren Umgang mit unseren Flüssen an. Flussbegradigungen, der Verlust von Auen, die intensive Landnutzung, die Flächenversiegelung und das nach wie vor hohe Niveau der Waldschäden in den Hochlagen der Mittelgebirge haben zu den katastrophalen Auswirkungen der Fluten beigetragen. "Die jetzige Katastrophe an Elbe, Mulde und Donau wurde zwar durch extreme Niederschläge verursacht, sie muss aber gleichzeitig Anlass sein, die alarmierenden Zeichen für unseren oftmals verfehlten Umgang mit den Flüssen, deren Einzugsgebieten und dem Wasserhaushalt, insbesondere in Bezug auf die Böden, Ernst zu nehmen", erläuterte BfN-Präsident Prof. Dr. H. Vogtmann.

Talsperrenbau

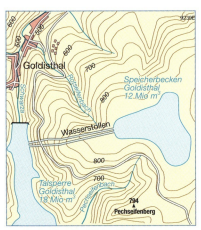

1: Lage des Pumpspeicherwerks

i Pumpspeicherwerk Goldisthal

Lage
Thüringer Schiefergebirge, an der Schwarza zwischen Goldisthal und Scheibe-Alsbach
Technische Daten
Gesamtstauraum: Unterbecken: 18,9 Mio. m³   Oberbecken: 13,5 Mio. m³
Dammhöhe: Unterbecken: 67 m   Oberbecken: 9 bis 40 m
Kavernen
Größe der Maschinenkaverne: 138 m x 26 m x 49 m
Größe der Transformatorenkaverne: 122 m x 15 m x 17 m
Stollen
Gesamtlänge 5400 m, davon 1500 m befahrbar
Leistung
4 Turbinen mit je 265 MW = 1060 MW Gesamtleistung

Pumpspeicherwerk Goldisthal

Schon Mitte der sechziger Jahre des vorigen Jahrhunderts begann die Suche nach einem geeigneten Standort für ein zu errichtendes Pumpspeicherwerk. Aufgrund günstiger Voraussetzungen bezüglich Relief und geologischer Situation fiel die Wahl auf Goldisthal. Erste Baumaßnahmen begannen 1975, wurden aber 1981 aus ökonomischen Gründen wieder eingestellt.

Nach Feststellung der Notwendigkeit und Wirtschaftlichkeit des Projekts wurde 1992 ein Raumordnungsverfahren eingeleitet, das 1996 mit einem **Planfeststellungsbeschluss** endete. Darin sind Nebenbestimmungen und Auflagen vermerkt, die nach zahlreichen Einwendungen von Bürgern und Verbänden einbezogen wurden. Im Herbst 1997 konnten die Arbeiten am Pumpspeicherwerk schließlich weitergehen, 2005 soll es fertiggestellt sein und ans Netz gehen.

Außer dem Unter- und dem Oberbecken werden alle technischen Anlagen einschließlich der Fallrohre in künstlichen Hohlräumen des Berges untergebracht und bleiben somit unsichtbar. So bleibt das Landschaftsbild weitgehend erhalten und das Gefälle zwischen Ober- und Unterbecken kann optimal für die Energieerzeugung ausgenutzt werden.

Aufgaben

1. Nenne Standortbedingungen und Standorte von Pumpspeicherwerken in Deutschland.

2. Erkläre die Wirkungsweise eines solchen Wasserkraftwerkes.

3. Erläutere notwendige Eingriffe in die Natur und deren mögliche Folgen am Beispiel des Pumpspeicherwerkes Goldisthal.

2: Bau des Wasserstollens

3: Eingriffe in die Naturlandschaft - Bau der Maschinenkaverne

Anthropogene Eingriffe

4: Luftbild - beschriftet

Ein Besuch in Goldisthal: Erlebnisbericht

September 2000: Ich hatte die Gelegenheit, die gesamte Baustelle des Pumpspeicherwerks zu besichtigen. In einem geländegängigem Jeep ging es über den Zufahrtsstollen, der so groß ist wie ein Autobahntunnel, in den Berg. Erstes Ziel war die Maschinenkaverne, ein von Tiefbauexperten aus Österreich und Slowenien geschaffener riesiger Hohlraum, in dem so manche Kirche Platz finden könnte. Nach Fertigstellung wird hier fast alles mit Beton ausgegossen sein, doch jetzt ist der Eindruck, den die fast 50 m Raumhöhe hinterlassen, gewaltig. Aus der Höhe wirkten die Arbeiter wie emsige Ameisen.

Weiter ging die unterirdische Fahrt, vorbei an der Trafotaverne hin zum Staudamm des Unterbeckens. Von hier hat man einen beeindruckenden Blick auf die imposanten Ausgangsportale der Unterwasserstollen. Die Maschinen, mit denen gerade die Damminnenwand abgedichtet wurde, kamen mir so klein wie Spielzeugautos vor.

Die Besichtigungstour endete auf der Dammkrone des Oberbeckens. Von hier aus führen Fallrohre den Berg hindurch zum Unterbecken. Ihr Durchmesser beträgt 6,20 m – zu groß um sie mit Fahrzeugen transportieren zu können. Deshalb werden sie aus den gelieferten Blechen an Ort und Stelle zusammengeschweißt und Stück für Stück in die Stollen für die Wasserzu- und Abführung hinabgelassen.

Für mich war diese Besichtigung sehr beeindruckend. Wegen der Einmaligkeit dieses Bauvorhabens wird bereits an einem Tourismuskonzept gearbeitet.

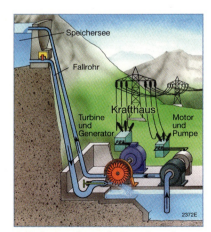

5: Schema der Arbeitsweise eines Pumpspeicherwerks

Eingriffe durch Land- und Forstwirtschaft

Gesetze und Verordnungen für die Bewirtschaftung

- Bundes- und Landesnaturschutzgesetze, Artenschutzverordnung
- Pflanzenschutzgesetz, Sachkundeverordnung, Anwendungsverordnung und Bienenschutzverordnung
- Düngemittelgesetz, Düngeverordnung, Klärschlammverordnung und Bioabfallverordnung
- Bodenschutzgesetz
- Bundes- und Landeswaldgesetze
- Wasserhaushaltsgesetz, Trink- und Abwasserverordnung
- Immissionsschutzgesetz, Umweltverträglichkeits- und -haftungsgesetz

Eingriffsregelungen

Das Thüringer Naturschutzgesetz (§1 Abs.2) erklärt:
„Aus der Verantwortung des Menschen für die natürliche Umwelt sind Natur und Landschaft im besiedelten und unbesiedelten Bereich um ihrer selbst willen und als Lebensgrundlage des Menschen zu schützen, gegebenenfalls zu pflegen, zu entwickeln und soweit wie notwendig auch wiederherzustellen, dass
1. die Funktionsfähigkeit des Naturhaushaltes,
2. die Regenerationsfähigkeit und nachhaltige Nutzungsfähigkeit der Naturgüter,
3. die Pflanzen- und Tierwelt sowie
4. die Vielfalt, Eigenart und Schönheit von Natur und Landschaft nachhaltig gesichert sind.

Veränderung natürlicher Landschaften

Eingriffe in Natur und Landschaft verursachen Veränderungen im Naturhaushalt, in den Lebensräumen der Tier- und Pflanzenwelt, im Landschaftsbild, im Erholungswert oder im örtlichen Klima. Sie werden im Naturschutzgesetz umfangreich beschrieben, und sollten möglichst vermieden oder zumindest vermindert werden. Sind sie unumgänglich, muss ein Ausgleich erfolgen.

Eine ordnungsgemäße land-, forst- und fischereiwirtschaftliche Bodennutzung ist kein Eingriff im Sinne dieses Gesetzes. Sie sichert nachhaltig die natürliche Bodenfruchtbarkeit und hat keine schädigenden Einflüsse auf benachbarte Flächen, das Grundwasser und die Oberflächengewässer. Die Forstwirtschaft ist auf langfristige ökologische Ziele gerichtet und gewährleistet neben der Rohstoffproduktion auch die Schutz- und Erholungsfunktion des Waldes.

Über 80 Prozent der Landesfläche werden in Thüringen von der Land- und Forstwirtschaft genutzt, sie ist damit der Wirtschaftszweig mit dem größten Einfluss auf Landschaft und Umwelt. Thüringen war 1993 das erste Bundesland, das ein „Programm zur Förderung von umweltgerechter Landwirtschaft, Erhaltung der Kulturlandschaft, Naturschutz und Landschaftspflege" (KULAP) einführte. Mit diesem Programm sollten die steigenden Anforderungen zum Schutz der Umwelt mit den marktwirtschaftlichen Zwängen für die Landwirtschaftsbetriebe in Übereinstimmung gebracht werden.

Das Programm besteht aus 4 Teilen:
A: Umweltgerechte Produktionsverfahren im Ackerbau oder bei Dauerkulturen
B: Extensive Grünlandbewirtschaftung
C: Maßnahmen der **Landschaftspflege** und des Naturschutzes
D: Weiterbildungsmaßnahmen und Demonstrationsvorhaben

Das Programm fördert die Erhaltung der flächendeckenden Landbewirtschaftung und zeigt inzwischen positive Wirkungen auf Biodiversität und Landschaftsbild. Etwa 200000 ha der landwirtschaftlichen Nutzfläche (25 %) werden nach diesen Grundsätzen bewirtschaftet, darunter sind Maßnahmen des Naturschutzes und der Landschaftspflege auf 42 000 ha. **Ökologischer Landbau** wird auf 21054 ha betrieben, das sind trotz Förderung nur 2,6 Prozent der landwirtschaftlichen Nutzfläche.

	1990	1995	2000
LF in 1000 ha	880,7	800,2	803,2
davon Ackerland in Prozent	74,4	78,2	77,8
davon Grünland in Prozent	20,7	21,3	21,7
Ackerflächennutzung in Prozent			
Getreide	53,9	57,7	63,4
Ölfrüchte	3,0	14,3	15,9
Hackfrüchte	9,2	3,2	2,4
Feldfrüchte	27,1	14,2	10,1
Brache	–	8,0	4,1

1: Änderung der Flächennutzung durch die Landwirtschaft in Thüringen zwischen 1990 und 2000

	Ackerfläche in Prozent		Erträge in d/ha	
	1989	2002	1989	2002
Getreide	53,3	62,0	48,2	58,5
Ölfrüchte	2,9	18,7	22,5	29,5
Kartoffeln	7,5	0,4	230	391
Zuckerrüben	4,1	1,8	234	544
Mais	6,9	5,7	380	458
Feldfutter	18,1	3,8	380	458

2: Ackerflächennutzung und Erträge in Thüringen

Anthropogene Eingriffe

Eingriffe durch die Landwirtschaft – ein tausendjähriger Prozess der Kulturgeschichte Thüringens

Der frühgeschichtliche Ackerbau begann vor über 4000 Jahren zuerst auf den fruchtbaren Löss- und Schwarzerdeböden des waldarmen, noch dünn besiedelten Thüringer Beckens. Nach dem 9. Jahrhundert stieg die Bevölkerungsdichte sprunghaft an. Sie verfünffachte sich in nur drei Jahrhunderten, das führte zu einer weiträumigen Rodung der angrenzenden Waldgebiete. Die frisch gerodeten Flächen brachten in den ersten Jahren auch ohne Düngung hohe Erträge. Land und Wald schienen unbegrenzt vorhanden. Ödländereien wurden kultiviert sowie natürliches Grünland zu Ackerland gemacht und extensiv bewirtschaftet.

Nach der fränkischen Landnahme im 9. Jahrhundert konnte die wachsende Bevölkerung nur durch intensivere Bewirtschaftung ernährt werden. Nach und nach setzte sich die Dreifelderwirtschaft durch. Das Ackerland wurde in drei Fluren oder Gewanne eingeteilt, die in der Fruchtfolge Brache-Winterung-Sommerung bewirtschaftet wurden.

Der alte Hakenpflug riss den Boden nur auf. Mit der Erfindung des Beetpfluges konnte der Boden gewendet werden. Die Nährstoffe, die durch die Niederschläge eingewaschen wurden, kamen so wieder in die Wurzelzone des Getreides. Die Brache sollte der Erholung des Bodens, seiner Anreicherung mit Nährstoffen und Wasser sowie der Unkrautbekämpfung dienen.

Die Auslaugung der Böden und die Vernichtung der Wälder führte am Ende der Gotik zu einer Krise, die durch Pestzüge, Bauern- und Religionskriege ihren Höhepunkt erreichte. Die Bevölkerungszahl sank um über 30 Prozent. Siedlungen und Äcker mussten aufgegeben werden. In Thüringen und Hessen entstanden die meisten Wüstungen. Allein im Eichsfeld wurden 343 Siedlungen, das waren 58 Prozent, aufgegeben. Auf den ausgelaugten Böden breiteten sich Heidelandschaften und anspruchslose Gehölze aus.

Bis in das 19. Jahrhundert bleibt die ausreichende Ernährung ein ungelöstes Problem. Die Einführung der Mineraldüngung, des chemischen Pflanzenschutzes, die bessere Bodenbearbeitung mit motorischen Zugkräften sowie die großflächige Be- und Entwässerung ermöglichten endlich die ausreichende Ernährung der eigenen Bevölkerung.

Diese Intensivierung war verbunden mit tiefen Eingriffen in Ökosysteme und Landschaftsformen. Die teuren Landmaschinen konnten auf Kleinflächen nicht rentabel arbeiten. Mit der Flurbereinigung wurden durch Flächentausch größere Schläge geschaffen. Die Kleinstflächen galten als Hindernisse. Wege, Feldraine, Flurgehölze, Wassergräben und Tümpel wurden planiert und verfüllt.

Immer weniger Bedienungskräfte benötigen immer stärkere Maschinen, wenn sie optimalen Vegetationstermine einhalten wollen. Der erhöhte Bodendruck dieser Riesen führt zu Verdichtungen im Untergrund. Die stärkeren Zugkräfte erlauben die Bodenbearbeitung hangauf und -ab, anstelle in der unbequemeren Hanglinie zu fahren. Diese häufigen Fehler begünstigen die Bodenerosion und veränderten das Artenspektrum der Tier- und Pflanzenwelt nachhaltig.

Die Öffnung der Märkte führt in Thüringen wie in Europa zu einem Verfall der Agrarpreise für die Erzeuger. Das zwingt dazu, ertragsarme Flächen aufzugeben und günstigere Standorte zu intensivieren. Aufgegebenes Ackerland wird zu Grünland, verbuscht und entwickelt sich zu Wald, wenn nicht gezielt eingegriffen wird. Viele schützenswerte Lebensräume haben eine Artenvielfalt hervorgebracht, die nur durch gezielte Nutzung und Pflege erhalten werden kann.

3: Lockerer und in einer Fahrspur verdichteter Boden

Aufgaben

1. Welche Elemente prägen das Landschaftsbild deines Heimatortes und was liebst du daran am meisten?

2. Welche Veränderungen der Landschaft in deinem Heimatort stören dich am stärksten und wie sind sie entstanden?

4: Aufgegebene Terrassenfelder am Nordrand des Thüringer Beckens, für die maschinelle Bearbeitung zu schmal

Eingriffe der Forstwirtschaft

Früher dienten am Rand der Dorfflur liegende Hochwälder der Gewinnung von Bauholz. Die buschartigen Niederwälder in Siedlungsnähe wurden für die ständige Brennholzgewinnung genutzt. Der Holzverbrauch für die Herstellung von Glas, Teer, Salz und Metallwaren stieg im Mittelalter immer schneller. Der Bergbau benötigte immer mehr Grubenholz. Die ursprünglichen Buchenwälder wurden nun durch schnellwüchsige Fichtenbestände in Monokultur ersetzt.

Bis in die Mitte des 20. Jahrhunderts versorgten sich Bauern und Dorfbewohner mit Gemüse und Obst aus eigener Wirtschaft. Streuobstwiesen prägten die dörfliche Landschaft. Als Bienenweide fand sich vor fast jedem Haus eine Linde. Aus den Zeiten der Eichel- und Bucheckernmast waren noch viele Altbäume im Dorf vorhanden. Die Alleen und Flurgehölze prägten eine kleinstrukturierte Landschaft. Im 20. Jahrhundert wurden die Obstgehölze oft durch schnellwüchsige Pappeln oder Kastanien ersetzt. Die Streuobstwiesen drohten als wertvolle Biotope völlig zu verschwinden.

Der Wald ist nicht nur eine Rohstoffquelle, er ist auch Wasserspeicher, Luftfilter und Klimaregulator. Als Biotop ist er Heimstatt vieler Pflanzen und Tiere, für den Menschen bietet er Raum für Ruhe und Erholung. Thüringen wirbt als „Grünes Herz Deutschlands" um Touristen, über 30 Prozent der Landesfläche sind Wälder. Die Waldökosysteme sind durch viele Schadfaktoren in ihrer Gesundheit und Stabilität gefährdet. Die Waldbiotope wurden deshalb kartiert. Durch die Forstämter wurde ein Meldewesen über Beeinträchtigung der Landschaft aufgebaut.

Luftschadstoffe durch Verbrennung fossiler Brennstoffe sind die Hauptursache moderner Waldschäden. Schwefel- und Stickoxide aus Heizungen und Autos schädigen die Bäume und versauern die Böden. Die Bäume reagieren mit Nadel- oder Blattverlusten, zeigen Kronenverlichtungen und sterben schließlich ab. Der Kronenzustand ist ein wichtiger Anzeiger für die Gesundheit der Bäume. Seit 1991 erfolgt in Thüringen eine systematische Waldschadenserhebung.

Waldschäden in Thüringen

Thüringer Wälder waren 2002 auf 25 Prozent der Fläche deutlich geschädigt, 45 Prozent schwach geschädigt und 30 Prozent ohne Schäden. Die Fichte ist mit 48 Prozent die häufigste Baumart in Thüringen und zeigt die geringsten sichtbaren Schäden. Oft steht sie noch auf typischen Laubbaumstandorten. Deutlich schlechter ist der Zustand der Kiefern bei einem Waldflächenanteil von 20 Prozent. Die Buche ist mit 18 Prozent Waldflächenanteil die häufigste Laubbaumart in Thüringen. Seit 1991 hat sich ihr Zustand kontinuierlich verbessert.

Aufgaben

1. Beschreibe den landschaftlichen Wandel, den die jahrhundertewährenden Eingriffe der Forstwirtschaft in Thüringen hervorgerufen hat.

2. Erläutere die ökologische Funktion des Waldes.

3. Begründe, warum die Solewiesen der Goldenen Aue unter Schutz gestellt wurden.

Das Waldumbauprogramm

Der Waldumbau zielt auf stabile, gemischte Bestände mit hoher Widerstandskraft gegen Witterungsextreme, Schädlinge und Schadstoffe durch eine standortgerechtere Baumartenwahl, die Erhöhung des Laubwaldanteiles, bessere Bestandsstrukturen, Naturverjüngung und Waldpflege. 0,9 Prozent der Waldfläche sind als Totalreservate und Naturwaldparzellen ausgewiesen. Sie sollen der Erforschung natürlicher Waldökosysteme dienen, da kein gesichertes Wissen über Abläufe in solchen Wäldern besteht und Thüringen keine „Urwälder" hat. Der Waldumbau bleibt infolge des Lebensalters der Bäume eine Aufgabe für mehrere Generationen.

1: Kleinstrukturiertes Hügelland mit Straßenobst und Flurholz

Anthropogene Eingriffe

Landschaften verändern ihr Gesicht – die Goldene Aue

Die Wirkungen der Eingriffe in Landschaft und Umwelt lassen sich erst bei Beobachtungen über sehr lange Zeiträume erkennen und bewerten. Zisterziensermönche aus dem Kloster Walkenried begannen im 12. Jahrhundert mit der Kultivierung des oberen Helmerieds am Nordrand des Kyffhäusergebirges. Sie siedelten Kolonisten aus Holland an, die Gräben und Dämme durch die Sümpfe zogen. Die Kultivierung zog sich über Jahrhunderte hin. Die wogenden Getreidefelder auf den trockenen Flächen gaben der Landschaft nun den Namen „Goldene Aue". Ein Teil der Feuchtwiesen blieb erhalten.

Die einzigartige Flora und Fauna der feuchten Niederung blieb lange erhalten. Die Kulturnahme der Helme-Unstrut-Niederung wurde in den folgenden Jahrhunderten vorangetrieben. Die Aue weiterhin litt unter jährlichen Überschwemmungen und häufiger Sommertrockenheit. Es wurden weitere Flussregulierungen und Entwässerungen durchgeführt, die bis zur Mitte des 20. Jahrhunderts ihren Höhepunkt erreichten.

In den Jahren nach dem Zweiten Weltkrieg wurde der Bau von 29 Rückhaltebecken zur Regulierung der Wasserverhältnisse am Südharz geplant. Inzwischen ist die Hochwassergefahr verringert und gleichzeitig die Bewässerung von 8000 ha landwirtschaftlicher Nutzfläche möglich. Die Ackerflächen in der Aue bieten heute durch den verstärkten Anbau von Körnermais eine wichtige Nahrungsquelle für Kraniche auf ihrem Rückflug aus den Brutrevieren im Herbst.

Der großflächige Kiesabbau am Nordwestrand der Aue schreitet voran und hinterlässt auf über 300 ha eine Seenlandschaft mit elf Seen. Starkstromleitungen, eine Bahnlinie, eine Fernverkehrsstrasse und der Neubau der Autobahn A 38 durchziehen die Landschaft. Das Landschaftsbild wird durch immer neue Windkraftanlagen in der Aue und auf den angrenzenden Höhenzügen beeinträchtigt. Die Stadt Nordhausen plant mit einem neuen Industriegebiet auf über 100 ha die weitere Verbauung der Aue.

Die Solewiesen der Goldenen Aue

Der Rückgang des Grundwassers durch Stolleneinbrüche führte dazu, dass die Solequellen am Rand der Aue versiegten. Die seltene Salzflora drohte zu verschwinden. Viele Wiesen wurden in Ackerland umgewandelt. Das Landschaftsbild wandelte sich von einer sumpfigen, feuchten Niederung mit breiten Mäandern, Bruchwald und Riedgräsern in eine fruchtbare Ackerebene. Viele Wiesenbrüter, Sumpf- und Brachvögel verschwanden zeitweilig. Nach Flutung der Stollen stabilisierten sich die Wasserverhältnisse. Die neuen Ackerflächen werden teilweise wieder zu Grünland.

Das Gebiet des Stausees wurde inzwischen zum Lebensraum und Durchzugsgebiet für viele neue Vogelarten. Die Solewiesen wurden unter Naturschutz gestellt. Auerochsen leben ganzjährig auf 14 ha Ried. Sie sollen das Schilf kurz halten, damit die Salzflora und Wiesenbrüter bleiben können. Die Anerkennung als Feuchtgebiet von Internationaler Bedeutung nach der Ramsar-Konvention erfolgte 1972.

2: Kraniche finden auf den Schlammflächen ihren sicheren Schlafplatz

3: Goldene Aue – Lageskizze

Eingriffe durch Verkehrserschließung

1: Das Einzugsgebiet des Airports

Airport Leipzig/Halle–Kern des Infrastrukturkonzeptes

Die mitteldeutsche Region um Leipzig und Halle entwickelt sich neben Berlin zum bedeutendsten Verkehrsknotenpunkt Ostdeutschlands. Wichtige Infrastrukturprojekte wie der Airport in Schkeuditz, die neuen Autobahnen A14, A38 und A143, die ICE-Strecke München-Berlin, die sechsspurig erweiterte A9 einschließlich des Schkeuditzer Kreuzes und die S-Bahn Halle-Leipzig sind entscheidende Voraussetzungen für einen wirtschaftlichen Aufschwung.

Der Flughafen Leipzig/Halle ist dabei der zentrale Bestandteil des integrierten Verkehrskonzeptes für die Region, denn die Vernetzung mit der Bahn, die optimale Anbindung an die Autobahn, die unmittelbare Nähe zur Leipziger Messe, zum Güterverkehrszentrum Leipzig-Wahren, dem Chemiedreieck und den Standorten der Automobilhersteller Porsche, BMW und DaimlerChrysler machen ihn zu einem Infrastruktur-Standort erster Güte.

Das neue Flughafengelände, im Jahre 2000 nach nur fünf Jahren Bauzeit fertig gestellt, erstreckt sich über 700 Hektar. Ein solches Bauvorhaben stellt einen bedeutenden Eingriff in das Landschaftsbild dar, wobei der Anteil an versiegelten Flächen im Bereich des Flughafens groß ist. Im Vergleich zu allen anderen Verkehrsträgern kommt ein Airport jedoch mit einem geringen Flächenbedarf aus. Um die Artenvielfalt im umgebenden Flughafenbereich zu erhalten, mussten die Flughafenbetreiber ökologische Ausgleichsmaßnahmen auf einer mehr als 120 Hektar großen Fläche ausführen.

(nach: Mitteldeutsche Zeitung vom 24.03.2000)

2: Das neue Terminal des Flughafens reicht zunächst bis an die A 14, später soll eine Brücke den alten und neuen Flughafen verbinden.

Anthropogene Eingriffe

Airport wertet Wirtschaftsraum auf

Bart J. Groot, Vorsitzender der Geschäftsführung BSL Olefinverbund GmbH (Schkopau): Mit seiner zentralen Lage und guten Anbindung bietet der Flughafen Leipzig/Halle den Unternehmen des Wirtschaftsraumes einen nicht zu unterschätzenden Standortvorteil. Als Unternehmen der Dow Chemical Company freuen wir uns, dass hier auch Maschinen direkt aus den Vereinigten Staaten landen können.

Georg Frank, Geschäftsführer der Bayer Bitterfeld GmbH: Wir begrüßen die Erweiterung des Airports. Der Schwerpunkt seiner Nutzung liegt im Personenverkehr. Damit ist er natürlich sowohl für Geschäftsreisende unseres Unternehmens als auch für unsere Gäste interessant. Es ist wichtig, dass Leipzig/Halle für alle Flugzeugtypen erreichbar ist.

Werner M. Dornscheidt, Chef der Leipziger Messe: Die Messe ist bei ihren Höhepunkten zwingend auf gute Flugverbindungen angewiesen. Dass der Airport rund um die Uhr geöffnet ist, ist dabei ein enormer Vorteil. Zusammen mit der notwendigen ICE-Trasse ist die Landebahn Voraussetzung dafür, dass die Messekunden schnell und bequem nach Leipzig reisen können. Wir sind damit ein Stück näher an die Welt herangerückt.

Jumbofrachter transportiert 20 Porsche Cayenne nach Australien: Die Porsche AG nutzt den Flughafen als Ausgangspunkt für den Überseetransport. Die Produktionsstätte des Porsche Cayenne liegt in unmittelbarer Nähe des Airports. Somit können die Fahrzeuge ohne große Probleme verladen und weltweit ausgeflogen werden.

(Mitteldeutsche Zeitung vom 24. März 2000 und Flughafeninformationen, 15.06.03)

Aufgaben

1. Erläutere, warum der Flughafen Leipzig/Halle ein Infrastrukturstandort erster Güte ist.

2. Zeige positive und negative Auswirkungen der Erweiterung des Flughafens auf Mensch und Raum auf.

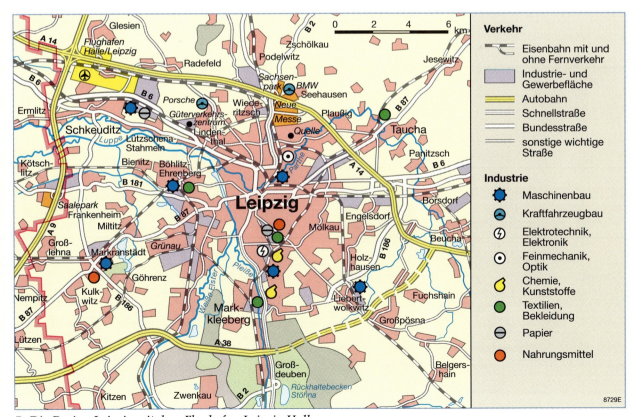

3: Die Region Leipzig mit dem Flughafen Leipzig-Halle

Autobahntrasse gerät mächtig unter Druck

Mit erstaunlichem Tempo nimmt ein Teil der neuen A 143, die an die A 38 anschließt und die die Westumfahrung Halles ermöglicht, Gestalt an. Ein 7,1 Kilometer langer Abschnitt zwischen den geplanten Anschlussstellen Teutschenthal und Halle-Neustadt stellt die Bauleute vor große Herausforderungen. Da in diesem Gebiet früher unterirdisch Braunkohle abgebaut wurde, gibt es hier eine große Anzahl von Hohlräumen. Der Untergrund muss deshalb vor den Bauarbeiten festgestampft werden. Kräne übernehmen diese Arbeit und lassen Fallgewichte unterschiedlicher Größe und aus unterschiedlicher Höhe niedersausen. Die 20 bis 30 Tonnen schweren Gewichte hinterlassen bis zu 1,50 Meter tiefe Krater. Der umliegende Erdboden wackelt wie Pudding, wenn die Gewichte aufschlagen. Der Untergrund wird dabei aber verdichtet und die unterirdischen Hohlräume zum Einsturz gebracht. Beim Autobahnbau ist das bislang einmalig in Deutschland.
(nach einem Zeitungsartikel der MZ vom 06.03.2003)

Lärmschutz für Autobahnanwohner?

Lärm ist nicht gleich Lärm. Das erfahren jetzt die um den Flughafen Leipzig/Halle wohnenden Menschen. Als der Airport-Ausbau geplant wurde, gründeten sie einen Verein zur Wahrung der Bürgerinteressen. Ihre Forderungen, einen 1,3 Kilometer langen und 10 Meter hohen Lärmschutzwall zu bauen und Lärmschutzfenster zu erhalten, wurden erfüllt. Jetzt regt sich neuer Unmut über die hohe Geräuschkulisse. Denn nicht der Flugzeug-, sondern der Autobahnlärm bringt die Bürger in Rage. Nach Freigabe der neuen Fahrspuren wird der Krach viel lauter wahrgenommen. Die alte Trasse lag einen dreiviertel Meter tiefer. Dicht bewachsene Böschungen schluckten viel Lärm. All das fiel dem Neubau zum Opfer und die Lärmschutzwände absorbieren nur einen Bruchteil dessen, was die natürlichen Böschungen dämmten. Gegen das Planfeststellungsverfahren aber hat der Verein versäumt zu klagen.
(nach einem Zeitungsartikel der LVZ vom 22.04.2002)

1: Verfestigung des Baugrundes mit neuem Verfahren

2: Die Lage der Ortschaft Kursdorf in unmittelbarer Nähe von Autobahn und Flughafen bedingt eine hohe Geräuschbelastung

Anthropogene Eingriffe

Grüner Ring trotz Autobahn

Umweltbewusste Bürger fragen sich, warum im Frühjahr 2002 im Südraum Leipzig auf großen Flächen wertvoller Wald gerodet wurde. Sollte denn in dieser waldarmen Region der vorhandene Wald nicht unbedingt erhalten werden? Ist es nicht das erklärte Ziel, durch Aufforstung von Flächen einen grünen Ring um Leipzig zu schaffen – als Naherholungsraum, als grüne Lunge? Warum dieser Waldflächenverlust?

Die erwähnten Rodungen erfolgten für den Neubau der Bundesautobahn A 38 „Südumgehung Leipzig" (S. 59, Abb. 3). Im 2. Bauabschnitt, der eine Länge von 9,5 Kilometer umfasst, quert die Trasse unter anderem die „Neue Harth", ein vor rund 20 Jahren nach dem Braunkohlentagebau aufgeforstetes und heute insbesondere für die Naherholung bedeutsames Waldgebiet. Die Eingriffe in die Natur sind erheblich. Rund zehn Hektar Wald müssen in Anspruch genommen werden. Das einst zusammenhängende Waldgebiet wird dadurch zerschnitten und zweigeteilt, die forstwirtschaftliche Nutzung erschwert und der Erholungswert gemindert. Der gerodete Wald erfüllte Funktionen unter anderem für den Boden- und Klimaschutz, das Landschaftsbild, die Naherholung sowie als Renaturierungsfläche in einer vom Bergbau zerstörten Landschaft. Sein Verlust wiegt schwer.

Zur Erleichterung des Verkehrs fordern viele die neue Autobahn – aber bitte nicht vor der eigenen Haustür! Da stören Lärm und Abgase. Also besteht der verständliche Wunsch, die Trasse doch besser in größerer Entfernung zu Wohngebieten durch Felder und Wälder zu führen.

Und wer tritt für die Belange des Waldes ein? Es ist in erster Linie die Forstverwaltung, die die Interessen des Waldes und der Forstwirtschaft vertritt. Beim Neubau der Autobahn A 38 mit Erfolg: Als Ausgleich für die zum Opfer gefallenen zehn Hektar Wald müssen 45 Hektar möglichst nahe am Ort der Verursachung neu gepflanzt werden (vgl. Abb. 3). Damit wurden die in das Planfeststellungsverfahren eingebrachten Forderungen weitgehend berücksichtigt. Grundlage für Waldumwandlung und Neuaufforstung ist das Sächsische Waldgesetz.

(Quelle: Waldblick, Infoblatt der Stiftung Wald für Sachsen, Nr.3/2002)

Aufgaben

1. Diskutiert Vor- und Nachteile des Baus bzw. der Erweiterung von Autobahnen in der mitteldeutschen Region.
Fasst das Ergebnis der Diskussion entweder in einem Bericht zusammen oder fertigt ein Poster an.

2. Warum werden die Anwohner der Autobahn A 14 in Flughafennähe wohl keinen Erfolg haben, wenn sie Forderungen bezüglich Lärmschutzmaßnahmen stellen (Lehrbuchtext).

3: Planungskarte für den Südraum Leipzigs

4: Südraum Leipzig 2003 – der Störmthaler See vor der Flutung

Grübeln und Tüfteln

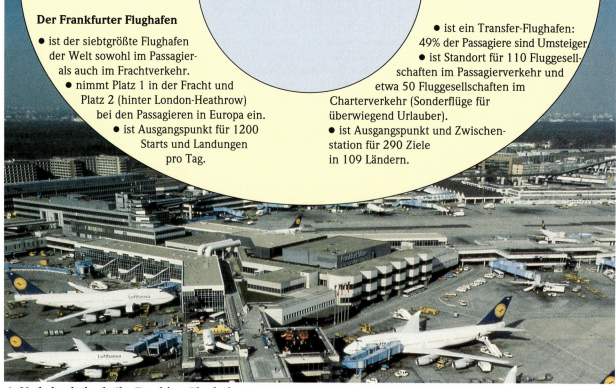

Das Frankfurter Kreuz
- ist der wichtigste Knotenpunkt des deutschen Autobahnnetzes.
- verbindet die Autobahnen von Hamburg nach Basel und vom Ruhrgebiet nach München.
- wird täglich von rund 300 000 Kraftfahrzeugen passiert.

Der Flughafen-Bahnhof
- ist ein Fernbahnhof (ICE- und IC-Verbindungen), auf dem täglich 94 Züge ein- und abfahren.
- ist ein Regionalbahnhof (für den Nahverkehr) für S-Bahn, RegionalExpress und StadtExpress.
- wickelt täglich 220 Zugverbindungen ab.

Vergleiche die Aussagen zum Frankfurter Flughafen mit den Aussagen zum Flughafen Leipzig/Halle (www.leipzig-halle-airport.de). Welche Gemeinsamkeiten und Unterschiede kannst du feststellen?

Der Frankfurter Flughafen
- ist der siebtgrößte Flughafen der Welt sowohl im Passagier- als auch im Frachtverkehr.
- nimmt Platz 1 in der Fracht und Platz 2 (hinter London-Heathrow) bei den Passagieren in Europa ein.
- ist Ausgangspunkt für 1200 Starts und Landungen pro Tag.

- ist ein Transfer-Flughafen: 49% der Passagiere sind Umsteiger.
- ist Standort für 110 Fluggesellschaften im Passagierverkehr und etwa 50 Fluggesellschaften im Charterverkehr (Sonderflüge für überwiegend Urlauber).
- ist Ausgangspunkt und Zwischenstation für 290 Ziele in 109 Ländern.

1: Verkehrsdrehscheibe Frankfurt-Flughafen

Anthropogene Eingriffe

Das Wichtigste kurz gefasst:

Eingriffe durch Bergbau

Im Gebiet um Ronneburg wurde über vier Jahrzehnte Uranerz abgebaut. Der Bergbau hat in der Landschaft tiefe Wunden hinterlassen, so Tagebaurestlöcher, Schachtanlagen und Abraumhalden. Für das Verfüllen eines riesigen Tagebaurestloches mit Haldenmaterial mussten umfangreiche Haldenuntersuchungen vorausgehen, um eine radioaktive Verseuchung der Umgebung auszuschließen.
Auf der ehemaligen Bergbaufläche wird 2007 die Bundesgartenschau stattfinden.
Auch im sächsischen Schlema (Erzgebirge) wurde Uranerz abgebaut. Die Halden hatte man hier in unmittelbarer Nähe zu Bergarbeitersiedlungen aufgeschüttet. Staubabwehungen, Radonaustritte und zunehmende Erosionsrinnen infolge Abspülungen waren unter anderem negative Auswirkungen des Uranbergbaus.
Eine umfangreiche Haldensanierung setzte erst nach 1990 ein.

Eingriffe durch Land- und Forstwirtschaft

In Thüringen werden über 80 Prozent der Landesfläche von der Land- und Forstwirtschaft genutzt, die somit der Wirtschaftsbereich mit dem größten menschlichen Einfluss auf die Landschaft und Umwelt ist. Einflussfaktoren und Folgeerscheinungen sind unter anderem der Einsatz von Mineraldünger und chemischen Pflanzenschutzmitteln, die großflächige Be- und Entwässerung, die Verdichtung des Bodens und das Auftreten von Bodenerosion.
Thüringen war 1993 das erste Bundesland, das ein „Programm zur Förderung von umweltgerechter Landwirtschaft, Erhaltung der Kulturlandschaft, Naturschutz und Landschaftspflege" einführte.

Eingriffe durch Verkehrserschließung

Grundbegriffe

Flussbegradigung
Flurbereinigung
Landschaftspflege
ökologischer Landbau
Renaturierung
Planfeststellungsbeschluss

Zahlreiche Infrastrukturprojekte wie der Neubau und die Erweiterung von Autobahnen, die Erweiterung des Airports in Schkeuditz oder der Bau der S-Bahnstrecke zwischen Halle und Leipzig kennzeichnen die mitteldeutsche Region.
Solche Bauvorhaben stellen bedeutende Eingriffe in das Landschaftsbild dar. Versiegelte Flächen, Bodenverdichtungen, Waldrodungen und Lärmbelästigungen sind Folgeerscheinungen für Natur und Mensch. Als Ausgleich müssen zum Beispiel Neuaufforstungen von Wäldern durchgeführt oder Lärmschutzfenster in die Häuser der Anwohner eingebaut werden.

Das Wasserstraßenkreuz Magdeburg – ein Großprojekt mit raumordnerischer Bedeutung

Raumplanung – Mittel des Interessenausgleichs

Ziele und Instrumente der Raumplanung

1: Feierabendidylle

Wer ordnet den Raum?

Täglich werden Einrichtungen im Raum genutzt. Sei es beim Weg zur Schule, bei der Erledigung der Hausaufgaben oder beim Sport. Jeder Mensch hat andere Vorstellungen und Wünsche, wie seine Umgebung aussehen soll. Schüler wünschen sich vielleicht viele Kinos, Skateboard-Bahnen oder Fast-Food-Gaststätten. Ältere Leute bevorzugen ruhige Wohngegenden, die mit öffentlichen Verkehrsmitteln gut erreichbar sind. Unternehmer fordern große Flächen mit Autobahn- und Eisenbahnanschluss. Nicht immer sind alle Forderungen erfüllbar und die Beteiligten mit den Ergebnissen von Raumordnung einverstanden.

Der Auftrag zur Raumordnung ist in Deutschland im **Raumordnungsgesetz** (ROG; Kasten) und verschiedenen Landesentwicklungsgesetzen geregelt. Der Bund, die Bundesländer, die Gemeinden und zum Teil Regional- oder Nachbarschaftsverbände haben unterschiedliche Aufgaben zu erfüllen. Dabei gibt der Bund den Ländern einen raumordnungspolitischen Rahmen vor, den die Länder oder Gemeinden ausgestalten (vgl. S. 66 bis 69).

Deutschland zeichnet sich durch eine komplizierte Raumstruktur (Abb. 2) aus. Eine vergleichsweise engmaschige und gut ausgebaute Infrastruktur sorgt dafür, dass die Wirtschafts- und Lebensräume immer mehr zusammenrücken. Trotzdem ist immer noch ein deutlicher Gegensatz zwischen alten und neuen Bundesländern oder ländlichen und Verdichtungsräumen vorhanden. Der Bund hat dafür Sorge zu tragen, dass im gesamten Land möglichst gleichwertige Lebensbedingungen geschaffen werden. Dabei ist es nicht immer leicht, alle öffentlichen und privaten Belange in Übereinstimmung zu bringen.

Auszug aus dem Raumordnungsgesetz 2000

§ 1 Aufgabe und Leitvorstellung der Raumordnung
(1) Der Gesamtraum der Bundesrepublik Deutschland und seine Teilräume sind durch zusammenfassende, übergeordnete Raumordnungspläne und durch Abstimmung raumbedeutsamer Planungen und Maßnahmen zu entwickeln, zu ordnen und zu sichern. Dabei sind
1. unterschiedliche Anforderungen an den Raum aufeinander abzustimmen und die auf der jeweiligen Planungsebene auftretenden Konflikte auszugleichen,
2. Vorsorge für einzelne Raumfunktionen und Raumnutzungen zu treffen.

§ 2 Grundsätze der Raumordnung
1. Im Gesamtraum der Bundesrepublik Deutschland ist eine ausgewogene Siedlungs- und Freiraumstruktur zu entwickeln.
2. Die dezentrale Siedlungsstruktur des Gesamtraums mit ihrer Vielzahl leistungsfähiger Zentren und Stadtregionen ist zu erhalten. Die Siedlungstätigkeit ist räumlich zu konzentrieren und auf ein System leistungsfähiger Zentraler Orte auszurichten.
3. Die (…) Freiraumstruktur ist zu erhalten und zu entwickeln.
4. Die Infrastruktur ist mit der Siedlungs- und Freiraumstruktur in Übereinstimmung zu bringen. Eine Grundversorgung der Bevölkerung mit technischen Infrastrukturleistungen der Ver- und Entsorgung ist flächendeckend sicherzustellen.
5. Verdichtete Räume sind als Wohn-, Produktions- und Dienstleistungsschwerpunkte zu sichern. Die Siedlungsentwicklung ist durch Ausrichtung auf ein integriertes Verkehrssystem und die Sicherung von Freiräumen zu steuern. Die Attraktivität des öffentlichen Personennahverkehrs (…) ist zu erhöhen. (…)
7. In Räumen, in denen die Lebensbedingungen in ihrer Gesamtheit im Verhältnis zum Bundesdurchschnitt wesentlich zurückgeblieben sind, (…) sind die Entwicklungsvoraussetzungen zu verbessern. (…)

(aus: Baugesetzbuch, München 2000)

Aufgaben

1. Welches Problem ist in Abb. 1 dargestellt? Wodurch ist es entstanden?

2. Begründe mit Beispielen aus deiner Heimat die Notwendigkeit der Raumordnung.

3. Kennzeichne die Grundzüge der Raumstrukturen in Deutschland.

Raumplanung – Mittel des Interessenausgleichs

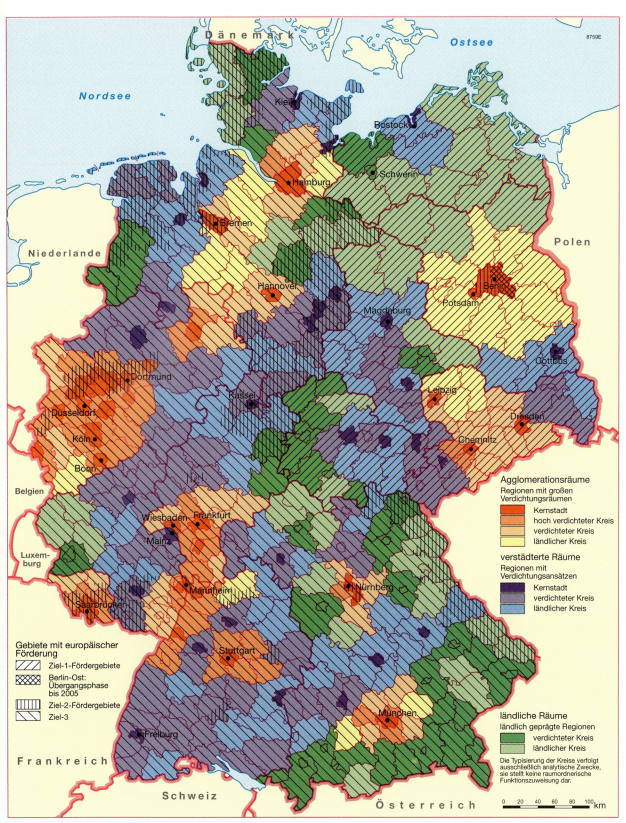

2: Deutschland: Raumordnung und Raumstrukturen

> „Die Sicherung einer ausgewogenen ... Entwicklung Thüringens, eingebunden in das vereinte Deutschland und die Europäische Union, ist ein wesentliches Element zukunftsorientierter Landespolitik."
> Präambel zum LEP

Der Landesentwicklungsplan Thüringens

Im Mittelpunkt der Raumordnung im Freistaat Thüringen steht der **Landesentwicklungsplan** (LEP). In ihm sind die Leitbilder der räumlichen Entwicklung festgeschrieben. Die Gestaltung der Raumstruktur zielt darauf, Thüringen
- "in das Gesamtgefüge Deutschlands und Europas einzubinden und die seiner Lage und seinen Möglichkeiten entsprechende Stellung zu erreichen" und
- "zu einem vielgestaltigen und gesunden Wirtschafts-, Siedlungs- und Lebensraum zu entwickeln" (LEP).

Im LEP sind u.a. Planungsregionen und zentrale Orte ausgewiesen. Zentrale Orte sind Kerne eines bestimmten Verflechtungsgebietes und erfüllen wichtige Aufgaben für ihr jeweiliges Umland (Abb. 2).
Entwicklungs- und Erschließungsmaßnahmen sollen vorrangig in den zentralen Orten erfolgen, um eine weitere Zersiedlung der Landschaft zu vermeiden, die Ver- und Entsorgung effektiv und kostengünstig durchzuführen und Fördermittel mit hohem wirtschaftlichem, sozialem und ökologischem Effekt einzusetzen.
Eine wesentliche Rolle spielen darüber hinaus Verbindungsachsen mit großräumiger und überregionaler Bedeutung.

Aufgaben

1. Studiere den LEP. Beschreibe die Leitbilder der Raumentwicklung.

2. Begründe, warum Landesentwicklungspläne eine Schlüsselrolle in der Raumplanung spielen.

3. Überprüfe am Beispiel eines Zentralen Ortes deiner Heimat, ob die in Abb. 3 genannten Anforderungen bereits erfüllt sind.

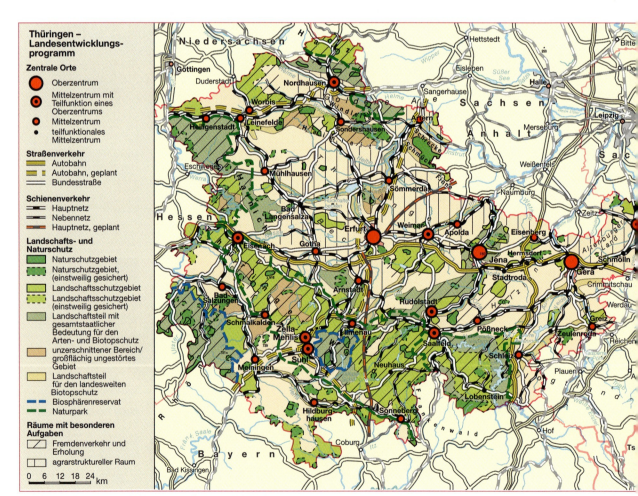

1: Raumplanung und Raumstrukturen in Thüringen

Raumplanung – Mittel des Interessenausgleichs

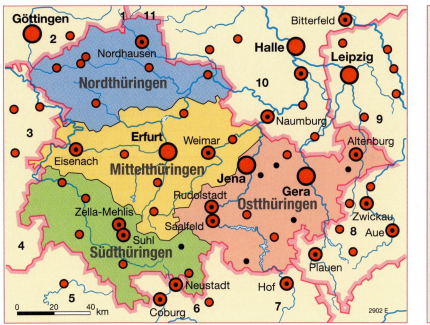

Zentrale Orte
- ● Oberzentrum
- ⊙ Mittelzentrum mit Teilfunktionen eines Oberzentrums
- ○ Mittelzentrum
- • teilfunktionales Mittelzentrum
- — Landesgrenze
- — Grenze der Planungsregion

Angrenzende Planungsregionen
1. Braunschweig
2. Göttingen
3. Nordhessen
4. Osthessen
5. Main-Rhön
6. Oberfranken
7. Oberfranken-Ost
8. Zwickau-Plauen
9. Leipzig
10. Halle
11. Magdeburg

2: Zentrale Orte höherer Stufe und Planungsregionen in Thüringen

	Bewohner im zentralen Ort und Umland	Einkaufsmöglichkeiten	Bildungsstätten	Öffentliche und private Dienstleistungen	Umland, Versorgungsbereich, Reichweite mit öffentlichen Verkehrsmitteln
Oberzentren	über 100 000	Großkaufhäuser, spezielle Fachgeschäfte, Einkaufsmöglichkeiten für Waren des gehobenen Bedarfs	alle Schularten (breites Angebot), Berufsschule, diverse Fachschulen, Fachhochschulen, Hochschulen, Universitäten	gesamtes öffentliches Dienstleistungsangebot, Konzerte, Theater, wissenschaftliche Bibliotheken, Museen, Banken- und Kreditinstitute, Stadien, Groß-, Sonder-, Unfallkrankenhäuser	90 Minuten „Oberbereich"
Mittelzentren mit Teilfunktionen eines Oberzentrums	ca. 20 000 bis 100 000	Anforderungen entsprechen denen von voll ausgebildeten Mittelzentren, auf Grund der Lage dieser zentralen Orte sollen sie ausgewählte oberzentrale Aufgaben wahrnehmen und so das Netz der Oberzentren ergänzen.			
Mittelzentren	ca. 20 000 bis 100 000	Fachgeschäfte, Einkaufszentren, Deckung des gehobenen Bedarfs	Grundschulen, Förderschulen, Regelschulen, Gymnasien, Fachschulen, Einrichtungen der Erwachsenenqualifizierung	Krankenhäuser mit Spezialabteilungen, Sitz von Behörden und Gerichten, Banken und Kreditinstituten, Spezialsport- und Freizeiteinrichtungen; kulturelles Angebot	30 Minuten „Mittelbereich"
Teilfunktionale Mittelzentren	ca. 10 000 bis 20 000	Aufgrund ihrer historisch gewachsenen Funktion und Ausstattung (z.B. bisherige Kreisstädte) und unter Berücksichtigung ihrer Lage und Entwicklungspotentiale sollen ausgewählte mittelzentrale Aufgaben wahrgenommen werden. Sie ergänzen das Netz der Mittelzentren.			
Unterzentrum	ca. 5000 bis 10 000	Geschäfte mit Waren des qualifizierten Grundbedarfs, Einkaufszentren	Kinderkrippen, Kindergärten, allgemein bildende Schulen	Verwaltungseinrichtungen, medizinische Versorgung, soziale Betreuung, Postämter, Zweigstellen von Geldinstituten, Sportanlagen	15 Minuten „Nahbereich"
Kleinzentrum	ca. 1000 bis 5000	Geschäfte mit Waren des Grundbedarfs	Kinderkrippen, Kindergärten, Grund- und Regelschulen (bei Bedarf)	Verwaltungseinrichtungen, Zweigstellen von Geldinstituten, Sportmöglichkeiten, medizinische und soziale Mindestversorgung	15 Minuten „Nahbereich"

3: System der zentralen Orte in Thüringen

(nach: Thüringer Verordnung über das Landesentwicklungsprogramm Thüringen. In: Gesetz- und Verordnungsblatt für den Freistaat Thüringen Nr. 34 vom 7. Dezember 1993)

Eine Diskussion läuft nach Regeln ab:
- Festlegung eines Themas
- Austausch unterschiedlicher Standpunkte
- Führung und Lenkung des Rundgesprächs durch den Diskussionsleiter
- Die Diskussionsteilnehmer beachten bestimmte Regeln:
  – Sie melden sich und sprechen nach Worterteilung.
  – Sie sprechen konkret zur Sache, halten sich streng an das Thema.
  – Sie lassen andere ausreden und erwidern deren Argumente sachlich.

Oberbürgermeister: „Eine der Attraktivitäten unserer Stadt ist der Flughafen, den wir weiter ausbauen müssen. Wir müssen den Investoren reizvolle Standorte bieten, um im Konkurrenzkampf um Arbeitsplätze erfolgreich sein zu können."
Investor: „Für mich ist wichtig, dass ich meine Produkte und Dienstleistungen schnell zum Kunden bringen kann. Deshalb brauche ich für mein Unternehmen einen verkehrsgünstig gelegenen Standort."
Stadtplaner: „Das neue Gewerbegebiet liegt in einer wichtigen Frischluftschneise der Stadt. Es wäre außerdem besser, wenn die neuen Gewerbegebiete auf den Flächen der stillgelegten Industriebetriebe entstünden."
Umweltschützer: „Warum muss das Gewerbegebiet ausgerechnet hier entstehen? Dadurch werden wertvolle Streuobstwiesen vernichtet."
Investor: „Mir wurde auch eine Industriebrache als Standort angeboten. Das Gelände war mit Altlasten verseucht. Außerdem waren nicht alle Alteigentümer der Fläche mit meiner Ansiedlung einverstanden. Der Bürgermeister war hinsichtlich des Standortes für das Gewerbegebiet am Flughafen sehr kooperativ, die Baugenehmigung wurde zügig erteilt."
Stadtplaner: „Wir können nicht alle Arbeitsplätze am Stadtrand ansiedeln. In der Innenstadt stehen viele Büros und Geschäftsräume leer."
Oberbürgermeister: „Wenn wir in unserer Stadt Arbeitsplätze schaffen wollen, müssen wir auch ein paar Nachteile in Kauf nehmen. Wir sind dringend auf die Steuereinnahmen angewiesen, sonst geht uns in Kürze das Geld aus!"

(nach: Ott, T.: Erfurts Stadtbild verändert sich. ZfE 1/98)

1: Eine Musterdiskussion

Bauleitplanung der Gemeinden

Die rechtliche Grundlage für die Raumordnung auf Gemeindeebene ist das Baugesetzbuch (BauGB). Die gemeindliche Planung wird oft mit Begriffen wie Stadtplanung oder Städtebau gleichgesetzt. Obwohl im BauGB jedem Eigentümer das Recht zur Bebauung seines Grundstückes zugestanden wird, hat der Gesetzgeber den Gemeindeverwaltungen ein Eingriffsrecht eingeräumt. Damit will man verhindern, dass ungebremster Bauwille Schäden im Städte- oder Landschaftsbild anrichtet. Bei allen Entscheidungen werden die Bürger und die Träger öffentlicher Belange einbezogen. Nur so ist es möglich, die voraussichtlichen Auswirkungen der Um- oder Neugestaltung eines Gebietes zu erörtern und nach gemeinsamen Lösungen zu suchen. Die Gemeinde muss abwägen, was letztendlich gebaut wird. Die **Bauleitplanung** ist der wichtigste Teil der Planung auf Gemeindeebene. Ihr Ziel ist es, die Nutzung der Gemeindeflächen vorzubereiten und zu lenken.

Flächennutzungsplan (FNP) und Bebauungsplan (B-Plan)

Die Bauleitplanung ist zweistufig angelegt: Im FNP, dem vorbereitenden Bauleitplan, wird die Art der Bodennutzung in den Grundzügen dargestellt. Darin ist die beabsichtigte räumliche Entwicklung der Gemeindeflächen, zum Beispiel die Schaffung neuer Gewerbegebiete, berücksichtigt. Der FNP ist somit ein Planungsinstrument. Zum FNP gibt es einen Erläuterungsteil, den alle Bürger einsehen und zusätzliche Auskünfte erhält.

Erst wenn der FNP vorliegt, kann mit der Aufstellung eines B-Plans, dem verbindlichen Bauleitplan, begonnen werden. Dies geschieht für Teilbereiche der Gemeinde. Sobald der B-Plan als Satzung der Gemeinde beschlossen ist, liegt das „neue örtliche Baurecht" vor, dann darf gebaut werden. Die Angaben im B-Plane sind bindend und sowohl von privaten als auch öffentlichen Bauherren zu beachten. Beispielsweise kann ein Antrag auf Genehmigung zur Errichtung eines Industriebetriebes abgelehnt werden, wenn im B-Plan eine Wohnbebauung vorgesehen ist.

Da sich die gesamte Planung an den Bedürfnissen der Menschen und der Wirtschaft orientieren soll, werden FNP ständig überarbeitet. Alle 10 bis 15 Jahre entsteht ein (fast) neuer Plan. In dieser Zeit haben sich die Ansprüche oftmals verändert – und dem muss die Planung Rechnung tragen.

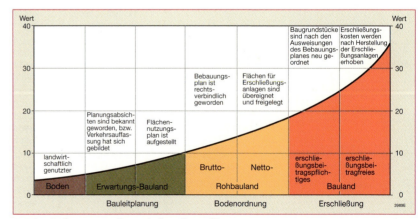

2: Ein Bebauungsplan wird aufgestellt

Raumplanung – Mittel des Interessenausgleichs

Auszug aus dem Baugesetzbuch

(1) Aufgabe der Bauleitplanung ist es, die bauliche und sonstige Nutzung der Grundstücke in der Gemeinde nach Maßgabe dieses Gesetzbuchs vorzubereiten und zu leiten.
(2) Bauleitpläne sind der Flächennutzungsplan (vorbereitender Bauleitplan) und der Bebauungsplan (verbindlicher Bauleitplan).
(3) Die Gemeinden haben die Bauleitpläne aufzustellen, sobald und soweit es für die städtebauliche Entwicklung und Ordnung erforderlich ist.
(5) Die Bauleitpläne sollen eine nachhaltige städtebauliche Entwicklung und eine dem Wohl der Allgemeinheit entsprechende sozialgerechte Bodennutzung gewährleisten und dazu beitragen, die natürlichen Lebensgrundlagen zu schützen und zu entwickeln.

Quelle: Baugesetzbuch. München 2000, S. 9.

Aufgaben

1. Welche Interessenskonflikte lassen sich der Karikatur (Abb. 3) entnehmen?

2. Wähle zwei der geäußerten Wünsche aus. Was könnte die Verwaltung erlauben bzw. bestimmen?

3. Führt eine ähnlich dem Beispiel angelegte Diskussion zu einem Bauvorhaben in eurer Heimat durch (Abb. 3).

3: Wünsche – die Gemeindeverwaltung erlaubt/verbietet, bestimmt und kontrolliert

Raumplanung in einem Schutzgebiet

Nutzungskonflikte: Kommune kontra Bergbau

„Einmalige Landschaft vor Gipsabbau gerettet" – Unter dieser Schlagzeile war im Nordhäuser Ratskurier-Amtsblatt der Stadt Nordhausen vom November 2001 zu erfahren: „Die Kommune hat jetzt den „Kalkberg" – 28 ha Gipskarstgebiet in der ‚Rüdigsdorfer Schweiz' – gekauft und damit vor der Zerstörung durch den Abbau gerettet. Vor Gericht haben die Vertreter des städtischen Rechtsamtes das Vorkaufsrecht der Stadt (nach zwei Jahren Rechtsstreit mit der Südharzer Gipswerke GmbH, die bereits einen Kaufvertrag mit dem bisherigen Privateigentümer abgeschlossen hatte) erfolgreich durchgesetzt. Die Oberbürgermeisterin der Stadt Nordhausen verwies darauf, dass der Erfolg nicht ohne die Fraktionen des Nordhäuser Stadtrates zustande gekommen wäre, die sich mit Weitblick und Hartnäckigkeit fast zehn Jahre lang konsequent und einmütig für den Erhalt des Gebietes eingesetzt haben."

Die Volksvertreter nutzen in erster Linie die Möglichkeiten des Thüringer Landesplanungsgesetzes und des Regionalen Raumordnungsplanes in Verbindung mit anderen gesetzlichen Bestimmungen. Daneben bekunden andere Gremien und Interessengemeinschaften betroffener Bürger ihre Unterstützung im Kampf um die Bewahrung einer lebenswerten Umwelt. So sprachen sich die Mitglieder des Arbeitskreises Südharz mit den Vertretern der Kommunen beim Thüringer Oberbergamt für ein **Raumordnungsverfahren** zum geplanten Gipsabbau am Winkelberg (Rüdigsdorfer Schweiz) aus. Das Raumordnungsverfahren gebe allein Auskunft darüber, wie sich ein Vorhaben (hier der Gipsabbau) mit seinen Auswirkungen „in einem Raum einbetten kann", argumentieren Mitglieder des Naturschutzbundes. Vertreter des städtischen Umweltamtes ergänzten: Andere Nutzungsansprüche wie Fremdenverkehr/Naherholung sowie Natur- und Landschaftserhalt müssten unbedingt berücksichtigt werden. In einem Planfeststellungsverfahren, das inzwischen von der Industrie in Gang gesetzt wurde, wird nur ein relativ kleiner Raum um dieses Vorhaben bewertet.

Entstehung von Salz in der Zechsteinzeit

- Das flache Zechsteinmeer wurde durch eine Barre (untermeerische Schwelle) vom Ozean getrennt.
- Die Barre hob und senkte sich im Laufe der Zechsteinzeit mehrfach.
- Die Verdunstung war sehr hoch.
- Barre unter dem Meersspiegel: Zufluss vom Ozean → Salzgehalt steigt
- Barre über dem Meeresspiegel: völlige Austrocknung → Ablagerung einer Salzfolge nach der Löslichkeit: Kalkstein – Anhydrit (Gips ohne H_2O) – Steinsalz – Kalisalze, darüber Salzton eingeweht

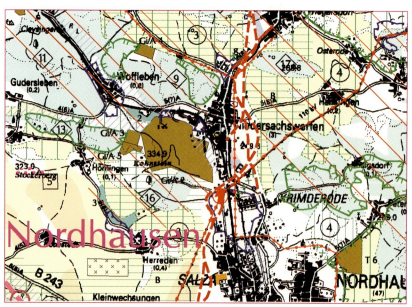

1: Ausschnitt aus dem regionalen Raumordnungsplan Nordthüringen, Teil B (Regionalplan)

Raumplanung – Mittel des Interessenausgleichs

Schüler mischen sich ein

Was veranlasste die Nordhäuser, sich dermaßen aktiv für den Erhalt der Natur in der Rüdigsdorfer Schweiz einzusetzen und sogar Geld zu spenden, um die Kaufsumme von fast 300 000 Euro für den Kalkberg aufzubringen? Seit Generationen ist die Hügellandschaft innerhalb des Südharzer Zechsteingürtels ein beliebtes Naherholungsgebiet. Schüler des Nordhäuser Humboldt-Gymnasiums haben in vielen Projektarbeiten der Fächer Geographie und Biologie den Naturreichtum dokumentiert und anschaulich dargestellt: Kalkmagerrasen und Buchenwälder auf Gips und Dolomit, Waldgesellschaften im Karst, Felsfluren als Steilhänge, weitflächige Streuobstwiesen, Federgrasbestände und Orchideen, nahezu alle einheimischen Lurch- und Reptilienarten, seltene Fledermausarten und sogar die scheue Wildkatze sind in diesem Naturschutzgebiet neben vielen weiteren Raritäten zu finden.

Die Schüler begnügen sich nicht mit wissenschaftlichen Untersuchungen und Präsentationen ihrer Ergebnisse, sondern fordern endlich einen Konsens zwischen Politikern und Firmen der Gipsindustrie zum Erhalt ihrer natürlichen Lebensgrundlage. Die Nutzungskonflikte in diesem Gebiet verdeutlichen die beiden „Prospekte"(Abb. 3): Die Arbeitsgemeinschaft Harzer Gipsunternehmen wirbt hier mit dem Argument „hoher Bedarf an Gips" für die weitere Erschließung von Bergwerksfeldern. Die Naturschützer kontern mit dem Hinweis auf das reichliche Vorhandensein von so genanntem REA-Gips (Rückstand aus Rauchgasentschwefelungsanlagen) und anderen Sekundärgipsen.

Seitens der Gipsindustrie fehlt auch nicht das Argument des Erhalts bereits bestehender und der Schaffung neuer Arbeitsplätze. Dazu äußerte sich die Nordhäuser Oberbürgermeisterin: „In dieser Hinsicht sind die Chancen durch sanften Tourismus viel höher. Und dieses Naherholungsgebiet könnte auch eine Rolle als weicher Standortfaktor für Investoren spielen."

2: Naturausstattung der Rüdigsdorfer Schweiz

Aufgaben

1. Diskutiert das Für und Wider der Schaffung neuer Arbeitsplätze im Tourismus und in der Gipsindustrie.

2. Welche unangenehmen Begleiterscheinungen bringt ein Gipstagebau neben der Naturzerstörung für die Bevölkerung mit sich?

  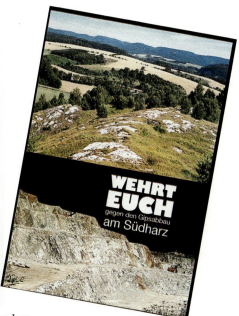

3: Prospekte der Gipsindustrie und der Bürgerinitiative gegen den Gipsbergbau

Drei Länder – ein Biosphärenreservat

Die Landesregierungen Thüringens, Niedersachsens und Sachsen-Anhalts beschlossen 1992 ein gemeinsames Biosphärenreservat im südlichen Harzrandgebiet und vor allem im Südharzvorland einzurichten. Vom westlichen Harzvorland bei Badenhausen (Landkreis Osterode) über den Landkreis Nordhausen bis zum südöstlichen Harzrand bei Pölsfeld (Landkreis Sangerhausen) erstreckt sich auf ca. 100 km Länge ein Gesteinskomplex aus der Zechsteinzeit, der so genannte Südharzer Zechsteingürtel. Nur hier ist einmalig in Europa eine Karstlandschaft zu finden, die unter humiden Klimabedingungen bei weiträumig „oberflächig" anstehendem Gips entstanden ist. Von verschiedenen Fördervereinen und den jeweiligen Kreisverwaltungen wurde ein ca. 200 km langer Karstwanderweg ausgeschildert und mit fast 200 Erläuterungstafeln versehen, dazu gibt es für jeden Kreis einen Wanderwegführer mit wissenschaftlich fundierten Begleittexten zu Geologie, Fauna und Flora der jeweiligen Abschnitte. So kann sich jeder augenscheinlich davon überzeugen, was in dieser abwechslungsreichen Landschaft durch ungezügelten Rohstoffabbau verloren gehen kann:

Biosphärenreservate — überall in der Welt

1970 rief die UNESCO (Organisation der Vereinten Nationen für Erziehung, Wissenschaft und Kultur) das weltumspannende Projekt „Mensch und Biosphäre" ins Leben. Kernstück darin ist die Schaffung eines internationalen Netzes von geschützten Flächen, die einen ganz bestimmten Landschaftstyp repräsentieren oder eine Besonderheit darstellen; sie werden Biosphärenreservate genannt (lat. reservare = bewahren). In diesen „Modellräumen" soll die Natur geschützt, aber auch eine umweltverträgliche Nutzung entwickelt werden. 2000 gab es in Deutschland 14 Biosphärenreservate, darunter die Rhön, das Vessertal im Thüringer Wald und der Spreewald. Weltweit existierten 1999 fast 400 Biosphärenreservate in über 90 Ländern.

Karsterscheinungen	Schutzwürdige und gebietstypische Pflanzenarten	Schutzwürdige und gebietstypische Tierarten
– Höhlen: Heimkehle (am Alten Stolberg), Barbarossahöhle (Kyffhäuserrand) – Dolinen und Poljen: Kelle (bei Woffleben), Bauerngraben (bei Roßla) – Karstquellen: Salzaspring (bei Nordhausen), Rhumequelle (Landkreis Osterode) – Bachschwinden und Flussversinkungen, z. B. bei Wieda und Zorge (Kreis Nordhausen)	– Seltene Pilze im grünen Karst (unter Wald) – Farne, z. B. Hirschzunge – eiszeitliche Reliktformen, z. B. Alpen-Gänsekresse – Flechten auf Felskuppen und im Magerrasen – besonders geschützt: Deutscher Enzian, Aronstab, Seidelbast, Türkenbundlilie und Orchideen – kulturraumtypische Vegetationseinheiten	– Fledermäuse mit mehr als 12 Arten – Schläfer (Bilche) und Dachse – alle vier Molcharten, Feuersalamander – Geburtshelfer- und Kreuzkröte – Kreuzotter, Ringel- und Glattnatter – Schwarzstorch – Uhu, Steinkauz – Eisvogel und Wasseramsel

1: Erdfallgebiet „Kelle" bei Woffleben (Karstgebiet)

2: Das geplante Biospärenreservat Südharz

Raumplanung – Mittel des Interessenausgleichs

Schutz und Nutzung zugleich

Im Auftrag der Länder Thüringen, Sachsen-Anhalt und Niedersachsen wurde ein Gutachten zur Schutzwürdigkeit der Gipskarstlandschaft erstellt und im September 1997 der Öffentlichkeit vorgelegt. Die Bearbeiter empfahlen die Einrichtung des Biosphärenreservates, weil diese Region alle Anforderungen der seit 1996 geltenden Kriterien für die Anerkennung von Biosphärenreservaten der UNESCO in Deutschland erfüllte. Vorgeschlagen wurde folgende Gliederung:
- Kernzone (ca. 4 % der Fläche): Totalreservate ohne wirtschaftliche Nutzung, z.B. Naturschutzgebiet Rüdigsdorfer Schweiz, Waldtotalreservat im NSG Alter Stolberg
- Pflegezone (ca. 23 % der Fläche): Landnutzung überwiegend extensiv in Anpassung an die Naturschutzziele, zum Beispiel auf Halb- und Volltrockenrasen oder in Feuchtbiotopen
- Entwicklungszone (ca. 73 % der Fläche): keine Einschränkungen für eine nachhaltige Landnutzung, aber mit der Zielsetzung, Nutzungsart und -intensität der Umweltverträglichkeit immer mehr anzupassen

Die jeweiligen Zonen bilden keine räumlichen Einheiten in diesem ca. 600 km² großen, kleinräumig reich gegliederten Gebiet. Die Gesellschaft zur Förderung des Biosphärenreservates Südharz e. V. weist in ihrem „Aufklärungsmaterial" daraufhin, dass Biosphärenreservate insgesamt keine Schutzgebiete mit Verboten und Geboten sind und daher besonders wertvolle Kernzonen zusätzlich als Naturschutzgebiete gesichert werden müssen. Dabei spielt auch die Flora-Fauna-Habitat-Richtlinie (kurz: FFH-Richtlinie) eine wichtige Rolle. Sie geht auf einen EG-Beschluss aus dem Jahr 1992 zurück und soll zur Erhaltung der natürlichen Lebensräume sowie der wild lebenden Tiere und Pflanzen beitragen. Durch die Umsetzung sollen Schutzgebiete mit einer repräsentativen Auswahl aller Lebensräume aufgebaut werden. Auf Grund des Vorkommens seltener Fledermausarten (Mopsfledermaus, Großes Mausohr) erfüllt zum Beispiel auch die Rüdigsdorfer Schweiz die Brüsseler Bedingungen für ein FFH-Gebiet. Allerdings „stört" wiederum der vorgesehene Gipsabbau, umgeben von einem Naturschutzgebiet (S. 72 Abb. 1).

Zwischen den Kernzonen kann sich in den Pflegezonen der „sanfte Tourismus" entwickeln. Die Gipsindustrie findet in den Entwicklungszonen Vorranggebiete für ihre Rohstoffversorgung, zum Beispiel sind im Regionalen Raumordnungsplan Nordthüringen über 200 ha am Kohnstein ausgewiesen. Es müssen aber noch erhebliche Nutzungskonflikte gelöst werden, wie aktuelle Presseschlagzeilen zeigen:

Aufgaben

1. Vergleiche die verschiedenen Schutzkategorien Nationalpark, Naturpark, Naturschutzgebiet, Landschaftsschutzgebiet und Biosphärenreservat. Das Bundesnaturschutzgesetz gibt Auskunft.

2. Nenne geschützte Landschaften im Heimatraum. Wie kannst du den Naturschutz aktiv unterstützen?

3. Wiederhole deine Kenntnisse über Karsterscheinungen. Führe Versuche zur Lösung von Kalkstein mit Salzsäure durch.

4. Erkunde, ob es in deinem Umfeld ebenfalls Rohstoffabbau oder neue Gewerbegebiete gibt, die eine Veränderung der Flächennutzung bewirken. Verfolge die einzelnen Schritte der Raumplanung und beachte besonders die Mitwirkung der Bevölkerung.

3: Unter Naturschutz: Fledermaus

Verkehrsplanung

Hartmut Sieckmann, Thüringer Minister für Umwelt und Landesplanung bis zur Regierungsbildung 1994:
„Unser Ziel, in allen Teilen Thüringens die gleichen Entwicklungschancen und Lebensbedingungen zu schaffen, kann aber nur erreicht werden, wenn dieses Programm als ein dynamisches Instrument verstanden und gebraucht wird. Raumordnung und Landesplanung betreffen das ganze Land und die räumlichen Beziehungen von Landesteilen untereinander; sie bestimmen das zukünftige Gesicht Thüringens. Wir brauchen eine ökonomische Zukunft mit ökologischer Sicherheit für die nachfolgenden Generationen."
(In: Landesentwicklungsprogramm Thüringen)

Verkehrsprojekte Deutsche Einheit

Die Vereinigung der beiden deutschen Staaten 1990 veränderte die Verkehrssituation besonders in den neuen Bundesländern grundlegend. Das Verkehrsaufkommen wuchs drastisch an und es zeigte sich, dass das Verkehrsnetz in Ostdeutschland diesen Anforderungen nicht genügte. Besonders die Transitstrecken waren unzureichend ausgebaut bzw. fehlten ganz. Infolge dieser Situation wurden die Verkehrsprojekte „Deutsche Einheit" geplant. Sie werden schrittweise umgesetzt um diese Standortnachteile zu überwinden und der Transitfunktion für die mittelost- sowie osteuropäischen Staaten besser gerecht zu werden. Gerade für Thüringen als dem Land in der Mitte Deutschlands sind diese Projekte von herausragender Bedeutung auch für die eigene wirtschaftliche Entwicklung. Diese Aus- und Neubauten sind auf Grund der großen Mängel in der Verkehrsinfrastruktur, die eine ihrer Ursachen in der Teilung Deutschlands hat, unbedingt notwendig, um die faktische Randlage Thüringens zu überwinden. Sie entsprechen aber auch dem Bedürfnis vieler Einwohner nach einer besseren Verkehrsanbindung.

Diesem Ziel dient auch der Weiterbau der A 71/ 73 nach Norden zur Südharzautobahn, denn besonders Nordostthüringen als strukturschwache Region benötigt eine leistungsfähige Verkehrsanbindung als Voraussetzung für die Überwindung der dortigen Wirtschafts- und Arbeitsmarktprobleme.

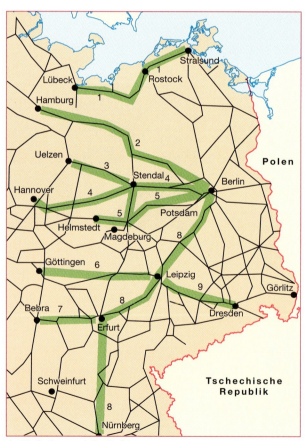

1: Verkehrsprojekt Schiene

2: Verkehrsprojekte Straße und Wasserweg

Raumplanung – Mittel des Interessenausgleichs

Autobahnbau in Thüringen – A71/73

Der Neubau der Thüringer-Wald-Autobahn führt vor allem im Gebiet des Thüringer Waldes durch sensible schützenswerte Naturräume, sodass an Planung und Ausführung dieses Vorhabens hohe Anforderungen gestellt werden. So trafen die Tunnelbauer schon beim Bau eines vorgeschalteten Tunnels auf ein unvorhergesehenes Problem, indem man beim Vortrieb auf einen unbekannten, nur mit Lockermaterial verfüllten Schacht. Dieses Gesteinsmaterial ergoss sich in Form einer Mure in den schon aufgefahrenen Teil dieses Tunnels. Dem umsichtigen Handeln eines erfahrenen ehemaligen Bergarbeiters war es zu verdanken, dass alle dort Arbeitenden rechtzeitig nach draußen gelangen konnten. Nachfolgend wurde dieser Schacht mit Beton bis fünf Meter unter die natürliche Oberfläche verfüllt. Darauf kam Waldboden, sodass sich die dort vorhandene natürliche Vegetation wieder ansiedeln kann. Dieser Aufwand war nötig um die Sicherheit der späteren Nutzer zu gewährleisten. Besonders die Kammquerung erforderte große Anstrengungen, um Naturschutzbelange und Verkehrserfordernisse in Übereinstimmung zu bringen. Als Ergebnis entstanden beeindruckende Brücken- und Tunnelbauten. Insbesondere die teilweise Untertunnelung des Thüringer Waldes verlangte umfangreiche Maßnahmen, um die durch die geologische Situation bedingten geringen Grundwasservorräte zu schützen. Deshalb wurden die Tunnelröhren zur Oberfläche hin speziell abgedichtet. Trotzdem auftretende Abwässer werden gereinigt an die Fließgewässer abgegeben. Das Ausbruchmaterial findet weitgehend als Unterbau der Autobahn Verwendung, sodass auf zahlreiche, sonst notwendige Steinbrüche, die weitere Schäden in der Natur verursacht hätten, verzichtet werden konnte. Voraussetzung dafür war, dass die Brückenbauwerke zum Rennsteigtunnel befahrbar sein mussten.
Aber nicht nur ökologische Belange und Verkehrserfordernisse wurden beachtet, sondern auch Sicherheitsfragen:
– Jede Tunnelröhre weist 12 Pannenbuchten auf. Sie werden etwa alle 300 m durch einen Querstollen verbunden, wobei jeder zweite durch Rettungsfahrzeuge befahrbar ist.
– Notgehwege an den Fahrbahnen sind vorhanden. Notrufstationen, Brandmelde- und Löscheinrichtungen, Funkanlagen und Anlagen zur Verkehrsüberwachung komplettieren die Sicherheitseinrichtungen, um so die größtmögliche Verkehrssicherheit zu erreichen.
– Die Belüftung der Stollen wird durch zwei Luftaustauschzentralen gewährleistet, wobei die Luftverhältnisse durch eine Reihe von Kontroll- und Messanlagen kontinuierlich überwacht werden.

Aufgaben

1. Nenne einige wichtige Verkehrsprojekte „Deutsche Einheit".

2. Erläutere die Notwendigkeit dieser Projekte und die mit ihnen verbundenen Ziele.

3. Beschreibe Probleme und Schwierigkeiten beim Bau der A71/73.

4. Begründe, warum der Sicherheit der Tunnelbauwerke so große Aufmerksamkeit geschenkt wird.

5. Wie wird versucht, diese Autobahn möglichst umweltschonend zu bauen?

Rennsteigtunnel

Lage:	zwischen den Anschlussstellen Geraberg und Zella-Mehlis
Länge:	7916 m (westliche Röhre) 7878 m (östliche Röhre)
Straßenquerschnitt:	je Röhre zwei Fahrstreifen mit Sicherheitsstreifen (1 m + 2 x 3,75 m + 1 m = 9,50 m)
Lichte Höhe:	4,50 m
Fluchtwege:	25 Querschläge in Abständen von ca. 300 m
Ausbruch:	1,35 Mio. m³ Festmasse

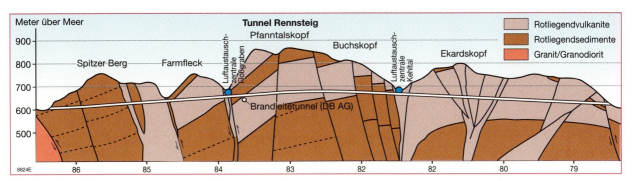

3: Schnitt durch den Rennsteigtunnel

Aufgaben

1. Erläutere und bewerte die Mitwirkungsmöglichkeiten der Bürger und Umweltverbände im Rahmen des Raumordnungsverfahrens.

2. Erläutere die Gründe, die zur Trassenänderung führten (Text, Abb. 1).

Beteiligung der Bürger ist erwünscht

Welchen Einfluss die durch den Autobahnbau betroffenen Menschen auf die endgültige Trassenführung im Rahmen des Raumordnungsverfahrens hatten und inwieweit Umweltbedürfnisse einbezogen wurden, zeigt sich besonders im Bereich zwischen den Anschlussstellen Ilmenau-Ost und Ilmenau-West. Die ursprünglich geplante, durch umfangreiche Untersuchungen festgelegte Vorzugslinie wurde der Öffentlichkeit mit allen Planungsunterlagen zugänglich gemacht und die Bürger sowie die Umweltverbände hatten die Möglichkeit ihre Einwendungen vorzubringen. Dadurch erreichte man, dass die Autobahn um etwa 500 m nach Norden verlegt wurde, um den Abstand zur Wohnbebauung des Ortes Unterpörlitz zu vergrößern. Somit entsteht eine geringere Abgas- und Lärmbelästigung als bei der ursprünglichen Trassenführung. Die neue Vorzugslinie ist im Planfeststellungsbeschluss zu geltendem Baurecht geworden. Auch die Trassenführung bei der Kammquerung des Thüringer Waldes wurde durch solche Einsprüche der Umweltverbände so verändert, dass die Brücke über das Kehltal bei Oberhof entfallen konnte. Ähnliche Einwendungen führten zu Trassenänderungen auf 50 Kilometer der künftigen Autobahn, das sind etwa 38 Prozent ihrer Gesamtlänge in Thüringen.

Umweltverbände machten mobil

Im Laufe des Planungsverfahrens für die neue Thüringer Autobahn konnten Anwohner und Umweltverbände Verbesserungen durchsetzen. Man erreichte, dass die Brücken über den Altwipfergrund und den Streichgrund nach strengen Naturschutzauflagen gebaut werden. So wurde festgelegt, dass nach Fertigstellung der Brücken keine Lauge in die Täler gelangen darf, das heißt es müssen spezielle Auffangmöglichkeiten geschaffen werden, die das verhindern. Im Altwipfergrund musste der Bauträger zusätzlich die Verpflichtung eingehen, dass während der Bauphase der Talgrund nicht betreten wird, um die Tier- und Pflanzenwelt unbeschadet zu erhalten. So war das erste zu errichtende Bauwerk eine hölzerne Behelfsbrücke, die es den Bauarbeitern ermöglichte, alle notwendigen Arbeiten ohne jedes Betreten des zukünftigen Naturschutzgebietes auszuführen und damit die Bauauflagen einzuhalten.

1: Veränderung der Trassenführung nach Bürgerprotesten

Autobahnbau und Tourismus im Thüringer Wald

Der Tourismus im Thüringer Wald ist stark abhängig von der Erreichbarkeit der Touristenzentren über gut ausgebaute Verkehrswege. Dieses Mittelgebirge wurde mehr und mehr zu einem Naherholungsziel für Tagesausflügler und Kurzurlauber, sodass die Bedeutung des Tourismus für die Wirtschaft der Region erheblich zugenommen hat. Mit der Thüringer-Wald-Autobahn wird diese Region als Zielgebiet gerade im Winter attraktiver, sogar für den Leipziger und Nürnberger Raum. Damit ist natürlich die Hoffnung der Tourismusbranche auf einen weiteren Anstieg der Übernachtungszahlen und eine bessere Auslastung der Hotels und Pensionen verbunden. Infolge dieser möglichen Entwicklung können weitere Arbeitsplätze in dieser Region entstehen und somit müssen weniger Menschen abwandern. Von der Stärkung des Tourismus profitieren auch andere Wirtschaftsbereiche, wie der Handel, die Zierporzellanherstellung und die Kunstglasbläserei.

Viele Urlaubsorte haben bereits ihre Angebote erweitert, indem sie für Sommerurlauber Wanderwege ausbauen und mehrtägige Rennsteigwanderungen anbieten, sodass auch wieder zunehmend Langzeittouristen im Thüringer Wald Station machen. Die Mehrtageswanderungen führen den Rennsteig entlang, wobei das Gepäck von einem zum anderen Hotel gefahren wird. Etwas abseits von diesem längsten Höhenwanderweg (rd. 170 km) Deutschlands findet man weitere touristische Ziele, wie die Goethe-Gedenkstätten zwischen Stützerbach und Ilmenau, die durch die neuen Verkehrswege ebenfalls weitere Besuchergruppen anlocken werden.

Wintersportler finden gut gespurte Loipen, präparierte Abfahrtshänge und vielerorts Skilifte vor. Zu den bekanntesten Wintersportorten wie Oberhof verkehren besonders am Wochenende Pendelbusse und Sonderzüge, um ein Verkehrschaos im Kammbereich des Thüringer Waldes zu vermeiden und den Aufenthalt für die Besucher erholsam zu gestalten. Oberhof, eine Medaillenschmiede für Olympische Winterspiele, stellt einige seiner zahlreichen Sportanlagen auch Urlaubern zur Verfügung.

ℹ Talbrücke Wilde Gera

Länge:	552 m
Bogenspannweite:	252 m
Breite:	26,50 m
Fläche:	14628 m²
max. Höhe über dem Tal:	110 m

Der Stahlbetonbogen dieser Brücke hat die größte Stützweite in Deutschland und eine der größten in Europa.

2: Die Brückenhälften wachsen über das Tal der Wilden Gera

Aufgaben

3. Erkläre den Zusammenhang zwischen dem Ausbau der Verkehrswege und der Entwicklung des Tourismus.

4. Nenne touristische Ziele im Thüringer Wald und im Südthüringer Raum. Erläutere ausgewählte Angebote.

5. Erkläre, warum besonders die Brückenbauwerke selbst schon Tourismusziele geworden sind.

Strukturwandel in Erfurt und seinem Umland

Was ist Agenda 21?

Im Jahr 1992 kamen Vertreter aus 178 Staaten nach Rio de Janeiro, um eine Umweltkonferenz abzuhalten. Auf dieser wurden Grundsätze formuliert, die helfen sollen, unseren Nachkommen eine bewohnbare Erde zu hinterlassen. Die Dokumente des Erdgipfels sind die
- Konvention über biologische Vielfalt
- Klimakonvention
- Waldgrundsatzentscheidung
- Rio-Erklärung und die
- AGENDA 21, ein Aktionsprogramm für eine nachhaltige und zukunftsorientierte Entwicklung im Gemeinwesen, in Wirtschaft und Umwelt.

Global denken – lokal handeln!

Teile der Rio-Dokumente (info-Box) befassen sich mit Aufgaben der Städte. Diese waren Startpunkt von Überlegungen Erfurter Bürger. Ihr Argument: Erfurt behält seine Schönheit nur, wenn die Stadt die Weichen in Richtung l(i)ebenswerte Zukunft stellt.

Deshalb wurde die Erfurter Lokale Agenda 21 erarbeitet, ein speziell auf Erfurt zugeschnittenes Programm, koordiniert von der Stadtverwaltung. Gemeinsam mit Bürgern und der Wirtschaft wurden Leitlinien formuliert, an denen sich die Handlungen der Stadt ausrichten und gemessen werden.

Das Logo (Abb. 1) zeichnete eine Erfurterin. Die Farben bilden einen optischen Zusammenhang. Blau (aktiv, belebend) steht für die Wirtschaft. Grün symbolisiert ökologische Ziele. Gelb (konfliktreich) stellt soziale Ziele dar. Rot (signalgebend und aufstrebend) stellt die Agenda als einen dynamischen Gesamtprozess dar.

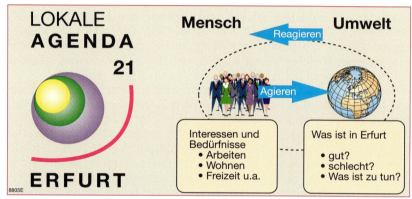

1: Logo Mensch-Umwelt

Leitlinien der Stadtentwicklung
- Ausbau des ÖPNV und Verwirklichung des Grundsatzes „Stadt der kurzen Wege"
- Erhaltung von Frischluftschneisen und Freiflächen, insbesondere des Steigers und der Auengebiete an der Gera
- Nutzung von entwicklungsfördernden Faktoren in Verbindung mit Erfurts Funktionen als Landeshauptstadt und als Oberzentrum sowie mit Universität, Fachhochschule, Messe, MDR-Landesfunkhaus sowie Bundesarbeitsgericht
- Förderung der Ansiedlung von Unternehmen auf Industriebrachen
- Vorhaltung von Gewerbeflächenangeboten für alle Wirtschaftsbranchen
- Erhaltung eines vielfältigen Angebotes an Wohnungen in Innenstadt, Gründerzeitgebieten, Großwohnsiedlungen und dörflichen Ortsteilen
- Stärkung der Anziehungskraft der Innenstadt von Erfurt
- Entwicklung der Großwohnsiedlungen zu stabilen Wohngebieten

2: Aus dem Flächennutzungsplan der Stadt Erfurt

3: Dom und Severikirche zu Erfurt

Raumplanung – Mittel des Interessenausgleichs

Die Rettung der Erfurter Altstadt – ein Beispiel für positive Stadtentwicklung

Wir spüren es beim Rundgang durch die Stadt: Erfurt hat Charme und dieser nimmt zu. Ist es nicht toll, durch die autofreie, mühevoll sanierte Altstadt zu schlendern oder das Grün entlang der Gera zu genießen? Wie anregend sind doch die Kulturstätten, wie entspannend wirken die Stille der Kirchen und der Duft der Bäume im Steiger. Selbst Teile der Plattenbausiedlungen haben sich schon gewandelt und strahlen wohnliches Flair aus. Noch vor kurzem sah es anders aus. Über 40 Jahre wurde die Altstadt vernachlässigt. Sie sollte abgerissen und durch Plattenbauten ersetzt werden. Aber die Bürger organisierten Widerstand. Höhepunkt war der Dezember 1989 (Kasten).

4: Heruntergekommene Altbauten – Beispiel Krönbacken

Das Bild der Altstadt bestimmen vor allem mittelalterliche Fachwerkhäuser. Durch glückliche Umstände wurden diese im Zweiten Weltkrieg nicht zerstört. Während der DDR-Zeit verfielen nach und nach viele Gebäude (Abb. 4). Nach der Wende kam mit Förderprogrammen Geld zur Sanierung von Bauwerken in die Kassen. Thüringens Städte erhielten knapp 2 Mrd. Euro (Abb. 6). Allein nach Erfurt flossen 200 Mio. Euro. Dabei wurde auf originalgetreue Sanierung geachtet. Bei einer Befragung Erfurter Bürger wurde sehr häufig als Antwort gegeben, dass vor allem in der Altstadt positive Veränderungen verzeichnet werden. Besonders die älteren Bewohner schätzen die Rettung der Altstadt. Aber auch die Jugend zeigt sich zufrieden. Das gelungene Nebeneinander von Wohn- und Grünflächen, von Szenekneipen und Kleintheatern übt eine große Anziehungskraft aus. Besonders die Grünzone beiderseits der Gera wurde in den zehn Jahren aufgewertet. Sie wirkt als „Grüne Lunge" und dient der Altstadt als innerstädtische Ruhezone. Noch ist die Sanierung nicht abgeschlossen. Trotzdem sind die Fortschritte beachtlich. Man ist für die Zukunft gerüstet!

5: Sanierter Krönbacken

Aufstand der Bürger

Tausende Bürger machten sich am 8. Dezember 1989 bei eisiger Kälte auf, um sich an sieben Standorten entlang der ehemaligen Stadtmauer zu treffen. Um halb elf schloss sich die Menschenkette – ein lebender Schutzwall gegen den geplanten Abriss der Altstadt, die einmal zu den schönsten in Deutschland gehörte.

„Weil es als erhaltenswert bereits vom Tisch gewischt war", formulierte der Erfurter Chefkonservator die offizielle Politik. Und: „Es steht allerdings noch kaum ein Stein der Baurealisierung dahinter"- hinter der Absicht der Bürger nämlich, das Viertel zu erhalten. 1989, zum Zeitpunkt des hier zitierten Interviews, stand der Denkmalpflege für den Bezirk Erfurt 765000 Mark zur Verfügung, gegenüber 1,8 Mio. drei Jahre zuvor. Man hört die Frustation heraus, wenn der Chefkonservator die „sehr guten Leistungen aus dieser Zeit" beschreibt: „Die Bauten zur Fassade hin sind in Ordnung, was dahinter wird, interessiert kaum. Es geschah, dass die Leute aus diesen vernachlässigten Häusern auszogen. Lücken entstanden, die nicht sofort geschlossen werden konnten. Ein Konzept und Baumöglichkeiten dafür fehlten. Also wartete man, bis ganze Viertel soweit verfielen, dass man Platz für die Plattenbauweise hatte, oder man riss für mehr Baufreiheit sogar intakte Häuser ab, wie am Erfurter Johannestor für den Funktionsmusterbau."

(Quelle: 10 Jahre Stadterneuerung in Erfurt. Erfurt 2000, S. 5)

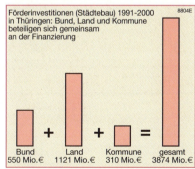

6: Förderungen des Städtebaus in Thüringen

Aufgaben

1. Welche Probleme treten bei der Sanierung ganzer Ortsteile auf?

2. Diskutiert die Umgestaltung eines Ortskerns aus der näheren Umgebung.

Erfurt und sein Umland

Das Umland hängt wirtschaftlich und baulich eng mit der Stadt zusammen, war aber durch administrative Grenzen lange von dieser getrennt. Diesem Rechnung tragend, wurde 1994 eine Gebietsreform durchgeführt und die Stadtfläche (2002: 26910 ha) vergrößert.

Eine wichtige Planungsgrundlage für Erfurt und sein Umland stellt der Flächennutzungsplan dar. Sein Entwurf wurde 1999 vorgestellt und ist nach umfangreichen Diskussionen ab 2002 Gesetz. In ihm werden die Art der baulichen Nutzung, Verkehrs-, Freizeit- und Grünflächen festgeschrieben. Auf seiner Grundlage wurde die Errichtung von Gewerbegebieten behutsam und raumordnerisch sinnvoll vorangetrieben. Besonderen Wert legte man darauf, dass keine Handelseinrichtungen für Waren des täglichen Bedarfs (WtB) in Kundenferne auf der „grünen Wiese" gebaut werden (Abb. 2). Handelseinrichtungen für WtB sollten weiter das gewachsene Bild der Innenstadt prägen. Das Sondergebiet „Thüringenpark" entstand in der Nähe der Großwohnsiedlung Rieth und ist daher kein Verstoß gegen das Leitbild. Besondere Impulse werden für das Gebiet um den Büropark Airfurt im Westen der Stadt erwartet. In der Nähe des Flughafens entstanden Logistikzentren, Verwaltungsgebäude und Möbelverkaufseinrichtungen.

Stadt-Umland-Probleme

Das Stadtumland ist ein unscharf begrenzter Raum um eine größere Stadt, der durch enge Verflechtungen (z.B. Pendler- oder zentralörtliche Einzugsbereiche) mit dieser verbunden ist. SUP bezeichnen die verschiedenen raumordnerischen, infrastrukturellen und finanziellen Probleme einer Stadt mit ihrem Umland. Sie können z.B. durch Eingemeindungen, die Bildung von Zweckverbänden oder die gemeinsame Aufstellung von Flächennutzungsplänen gemildert werden.

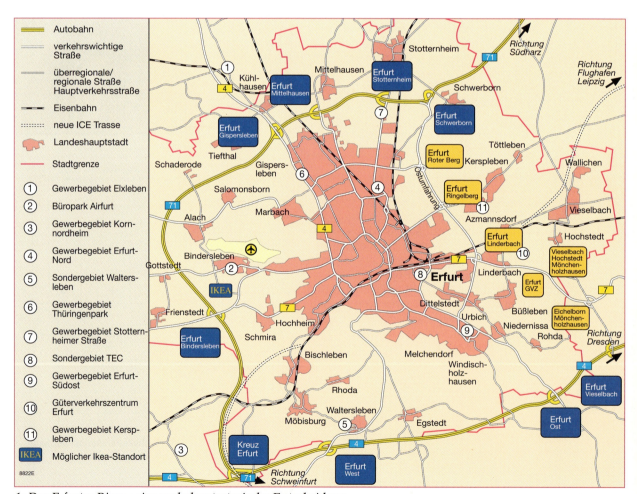

1: Der Erfurter Ring – eine verkehrsstrategische Entscheidung

Raumplanung – Mittel des Interessenausgleichs

2: Vorgesehener Autobahnverlauf bei Stotternheim

Die Teile des Erfurter Ringes

Insgesamt wird Erfurt über zwölf Anschlussstellen erreichbar sein. Der Stadtring setzt sich aus Autobahnen sowie Bundes- und Landstraßen zusammen:
1. dem Teilstück der A4 im Süden,
2. dem Teilstück der A71 im Westen und Norden,
3. der Ostumfahrung als Landstraße 1052 im Osten,
4. einem Teilstück der B7 im Osten,
5. der Zubringerstraße zur Autobahn südlich der Gemeinde Mönchenholzhausen im Osten,

Die Autobahnabschnitte liegen in der Verantwortung des Autobahnamtes Thüringen, während für die Abschnitte von Bundes- und Landstraßen das Straßenbauamt Erfurt verantwortlich ist.

Der Erfurter Ring

Ein Beispiel für die Lösung von Stadt-Umland-Problemen ist der Erfurter Ring. Sein Ausbau ist im Landesentwicklungsplan Thüringen festgeschrieben. Im Zusammenhang mit Untersuchungen zur Realisierung der Verkehrsprojekte „Deutsche Einheit" ergab sich, dass die Trassenführung der BAB A71 westlich der Stadt Erfurt die günstigste Lösung darstellt. Ergänzt wird die Autobahn durch eine östlich verlaufende überregionale Straße, welche die BAB A4 mit dem Güterverkehrszentrum (GVZ) Erfurt verbindet und dann bei Schwerborn die BAB A71 erreicht. Das GVZ Erfurt soll als Umschlagspunkt für Waren dienen, welche mit der Eisenbahn aus ganz Europa kommen und dann auf eine Region im Umkreis von etwa 100 km Radius mit dem LKW verteilt werden sollen.

Der Erfurter Ring bündelt Verkehrsströme im Umland und leitet sie an Erfurt vorbei. Er nimmt auch innerstädtische Verkehre auf, was zur Entlastung der Stadt führt. Im Osten sind die dort gelegenen Gewerbegebiete (Schwerpunkte sind Dienstleistungen, Fachhandel und Logistik) wesentlich besser und schneller erreichbar. Im Umland entstanden seit 1990 neue Siedlungsschwerpunkte. Die zugezogenen Menschen wollen die als weiche Standortfaktoren (z.B. Bildungs-, Freizeit- und Sporteinrichtungen) bezeichneten Angebote der Stadt Erfurt nutzen. Nicht zuletzt wird durch den Erfurter Ring die Errichtung von neuen Produktionsstandorten in kurzer Entfernung zur Stadt Erfurt gefördert. Eine gute Verkehrsanbindung ist zum Beispiel für die Errichtung eines neuen Motorenwerkes im Raum Sömmerda-Kölleda wichtig. Solche Aktivitäten sind auch im Zusammenhang mit der Nutzung der einer Region innewohnenden Stärken zu sehen.

Die verbesserte Verkehrsinfrastruktur bildet die Grundlage für die wirtschaftliche Konkurrenzfähigkeit der Wirtschaftsregion Erfurt und des Freistaates Thüringen. In einem Europa der Regionen kann sich Thüringen nur dann als Denkfabrik etablieren, wenn das Dreieck Erfurt (geistiges Zentrum), Jena (naturwissenschaftliches Zentrum) und Ilmenau (Technologiezentrum) für die Zukunft gerüstet ist!

Aufgaben

1. Informiere dich im Amt für Verkehrswesen der Stadt Erfurt über die Fortschritte bei der Errichtung des Erfurter Ringes. Berichte.

2. Das Möbelhaus IKEA möchte an der A71 im Gebiet des Erfurter Flughafens ein Möbeleinkaufszentrum errichten. Stelle Vor- und Nachteile dieses Planes zusammen und bewerte diese.

3. Stelle Stadt-Umland-Beziehungen deines Heimatgebietes dar.

Grübeln und Tüfteln

Aufgaben

1. a) Übertrage das Modell der nachhaltigen Entwicklung in dein Heft.
b) Ordne die nachfolgenden Aussagen den Teilen der Triade zu: Bevölkerungsentwicklung, Erhaltung von Wald, Ernährungssicherung, Bildung, Gewässerschutz, Handelsbeziehungen, Bodenerhalt, Arbeitsbeschaffung, Schutz der Atmosphäre, Friedenssicherung, Artenschutz, Strukturwandel, Entschuldung, Beseitigung von Armut, Entwicklungszusammenarbeit, Gleichberechtigung von Frauen.

2. a) Ordne die drei unten stehenden Fotos den Teilen der Triade zu und begründe.
b) Suche nach weiteren Beispielen einer (erforderlichen bzw. sich abzeichnenden) nachhaltigen Entwicklung im Lehrbuch.

3. Informiere dich vertiefend über das Leitbild der nachhaltigen Entwicklung (z.B. unter www.dbs.schule.de/zeigen.html – Schlagwort „Nachhaltigkeit").

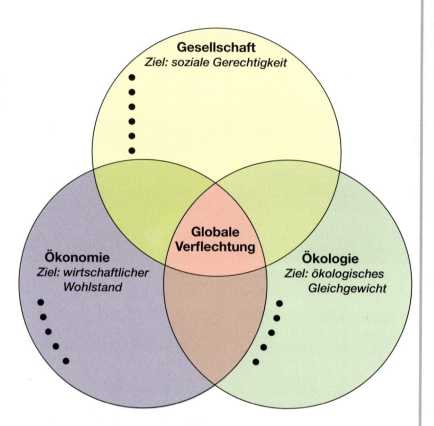

1: Brennender Ölsee in der Taiga

2: Straßenkinder in São Paulo

3: Mercedes-Werk in Alabama

Raumplanung – Mittel des Interessenausgleichs

Das Wichtigste kurz gefasst:

Ziele und Instrumente der Raumplanung

Die weitere Entwicklung des Territoriums der Bundesrepublik Deutschland und ihrer einzelnen Regionen verläuft unter Abstimmung raumbedeutsamer Planungen und Maßnahmen. Dabei übernehmen Bund, Land und Kommune unterschiedliche Aufgaben, die durch verschiedene Gesetze (Raumordnungsgesetz des Bundes, Landesentwicklungspläne, Bauleitpläne) geregelt werden. In die Entscheidungen zur Raumentwicklung sind Bürger und Träger öffentlicher Belange einzubeziehen, um unterschiedliche Interessen zu berücksichtigen.

Raumplanung in einem Schutzgebiet

Seit Jahrhunderten werden Landschaften durch das Leben und Wirtschaften der Menschen nachhaltig verändert. Häufig treten Nutzungskonkurrenzen zwischen verschiedenen Interessenvertretern auf. Entscheidungen über Eingriffe in den Raum werden zunehmend kritisch von Bürgerinnen und Bürgern begleitet.
Durch die Einrichtung von Schutzgebieten wie Naturparks, Nationalparks, Biosphärenreservaten werden einmalige Landschaften unter Schutz gestellt.

Verkehrsplanung

Im Rahmen der Verkehrsprojekte „Deutsche Einheit" wird die Verkehrsinfrastruktur Deutschlands ausgebaut oder modernisiert. Neue Eisenbahn- und Straßenverbindungen bringen auch dem Bundesland Thüringen als bedeutendes Transitland Standortvorteile.
Besonders die neue Thüringer-Wald-Autobahn soll zur Entwicklung strukturschwacher Regionen beitragen. Ihre zahlreichen Tunnel- und Brückenbauten entsprechen sowohl ökologischen als auch verkehrstechnischen Anforderungen.

Strukturwandel in Erfurt und seinem Umland

Der Strukturwandel in der Landeshauptstadt Erfurt spiegelt sich sowohl in einer detailgetreuen Sanierung der Altstadt als auch in der Schaffung neuer Siedlungs- und Dienstleistungsstandorte im Erfurter Umland wider. Durch den Ausbau des Erfurter Rings werden die Stadt-Umland-Beziehungen verbessert.

Grundbegriffe

Raumordnungsgesetz
Landesentwicklungsplan
Bauleitplanung
Flächennutzungsplan
Bebauungsplan
Raumordnungsverfahren

Blick in das Thüringer Becken, im Vordergrund die Wachsenburg

Exkursion

Methode: Exkursion

Aufgaben

1. Nenne Argumente, die für die Durchführung von Exkursionen sprechen.

2. Fordere von Rathäusern (Städte und Gemeinden) Material zur Raumplanung, Flächennutzung, Erholungsfunktion usw. an.

3. Informiere dich, wie das Exkursionsgebiet von deiner Schule aus zu erreichen ist.

4. Verschaffe dir einen Überblick über die Raumausstattung und Raumnutzung im Exkursionsgebiet.

5. Fertige eine Dokumentation an.

Exkursionen durchführen – aber wie?

Auf Exkursionen lernt ihr geographische Erscheinungen und Sachverhalte, die ihr im Klassenraum nur mithilfe von Beschreibungen, Skizzen, Bilder und Karten vorgestellt bekommt, in ihrer originalen Form kennen. Ihr erhaltet durch den „Unterricht vor Ort" bildhafte, inhaltsreiche und konkrete Vorstellungen von Begriffen, Vorgängen und Zusammenhängen, die Gegenstand des „theoretischen" Unterrichts waren, und ihr könnt eure Umwelt bewusst erleben. Auf Exkursionen werden sowohl Naturräume (z.B. Relief, Gewässer, Boden, Wetter) als auch wirtschafts- und sozialgeographische Aspekte (wie geschichtliche Entwicklung, wirtschaftliche Nutzung, Bevölkerungsstruktur, Infrastruktur) einer Region mithilfe unterschiedlicher geographischer Arbeitstechniken untersucht.

1: …was sich im Exkursionsrucksack verbirgt…

Exkursion

Vorbereitung
- Festlegung der Ziele und des Gebietes der Exkursion ✔
- Reaktivierung des nötigen Wissens und Könnens (Unterricht, Hausaufgabe) ✔
- Literaturstudium zur Erfüllung von Sonderaufträgen ✔
- Bereitstellung von geeignetem Kartenmaterial ✔
- Arbeitsmittel vorbereiten: Schreibzeug, feste Unterlage, Karte und Kompass, Spaten, Bandmaß, Lupe…(Abb.1). Fotoapparat nicht vergessen! ✔
- auf zweckmäßige Kleidung achten ✔
- Information: Wie erreichen wir das Exkursionsgebiet? ✔

Durchführung
- Alle – ausgenommen Schüler mit speziellen Aufträgen – fertigen Protokolle an, arbeiten mit vorbereiteten Arbeitsblättern ✔
- Anfertigen von Wegeskizzen (Einzelschüler), Eintragen der Beobachtungspunkte ✔
- Anlegen, Auswerten und Skizzieren eines Bodenprofils ✔
- Skizzieren typischer Landschaftsprofile ✔
- Messen der Fließgeschwindigkeit von Flüssen ✔
- Erfassen von Eingriffen des Menschen in die Landschaft ✔

Auswertung und Dokumentation
- Auswertung der erfassten Ergebnisse im Unterricht (z.B. Schülervorträge) ✔
- Beseitigung von Unklarheiten, Ergänzungen ✔
- Wertung der gewonnenen Erkenntnisse (ökologische Fragestellungen, Interessengegensätze) ✔
- Dokumentation durch Ergebnis- bzw. Protokollmappen, Schautafeln usw. ✔

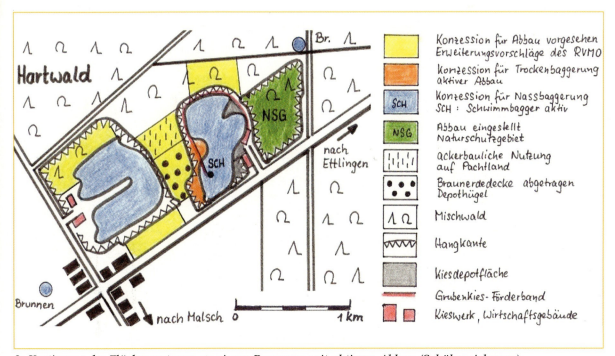

2: Kartierung der Flächennutzung an einem Baggersee mit aktivem Abbau (Schülerzeichnung)

Exkursionsraum Thüringen: Naturraum

Die Erde verändert sich

Endogene Vorgänge werden durch Bewegungen in der Magmazone ausgelöst. Diese führen zu Vulkanausbrüchen, Erdbeben, Gebirgsbildungen sowie zu weiträumigen Hebungen und Senkungen. Exogene Vorgänge wirken von außen auf die Erdoberfläche ein, z. B. Verwitterung, Abtragung und Sedimentation (Ablagerung). Diese werden verursacht durch die Schwerkraft, durch Wärme und Frost sowie durch fließendes Wasser, Gletscher und Wind.

Relief und erdgeschichtliche Entwicklung

Die Oberflächengestalt Thüringens zeigt eine relativ kleinräumige Gliederung in recht unterschiedliche Landschaften mit verschiedenen Höhenlagen (Abb. 1). Die Karte auf S. 91 lässt eine annähernd ringförmige Anordnung der Platten, Berg- und Hügelländer sowie Höhenzüge (bis 500 m ü.M.) um das Thüringer Keuperbecken erkennen. Danach steigt die Oberfläche in den Mittelgebirgen Harz, Thüringer Wald und Thüringer Schiefergebirge an und erreicht im Großen Beerberg mit 982 m den höchsten Punkt Thüringens.

Zwischen Thüringer Wald und Rhön erkennt man eine fast spiegelbildliche Anordnung der Landschaftsformen wie im Thüringer Becken. Zufall oder Gesetzmäßigkeit? Auskunft gibt die Erdgeschichte, die durch das ständige Zusammenwirken von **endogenen und exogenen Vorgängen** gekennzeichnet ist. Während der Erdaltzeit vor rund 350 Mio. Jahren erstreckte sich in Mitteleuropa das so genannte variskische Faltengebirge mit magmatischen und metamorphen Gesteinen, beispielsweise Granit und Schiefer. In Millionen von Jahren wurde das Gebirge durch exogene Vorgänge wieder abgetragen. Übrig blieb eine flachwellige Oberfläche und darunter in der Erdkruste die alten gefalteten Gesteine des variskischen Rumpfes. Weiträumige Hebungen und Senkungen der Erdkruste führten danach zu abwechselnden Meeres- oder Landzuständen und zur Ablagerung mächtiger Sedimentschichten. Am Ende der Erdaltzeit breitete sich das Zechsteinmeer aus, in dem durch Austrocknung Dolomit, Gips bzw. Anhydrit sowie Kali- und Steinsalze entstanden.

Vor etwa 220 Mio. Jahren begann die Erdmittelzeit mit der Triaszeit, die nochmals in die Abschnitte Buntsandstein, Muschelkalk und Keuper unterteilt wird. Damals bildete sich die für das Thüringer Becken charakteristische Gesteinsfolge heraus (Abb. 1). Ausgangs der Erdmittelzeit und zu Beginn der Erdneuzeit (Abschnitt Tertiär) wurden die Bruchschollen Harz, Kyffhäuser und Thüringer Wald durch endogene Kräfte allmählich herausgehoben, wobei gleichzeitig exogene Vorgänge die Abtragung der Sedimente bewirkten und die alten Gesteine freilegten. Das heutige Thüringer Becken dazwischen sank schüsselförmig ein und wurde an den Rändern aufgebogen, der widerständige Muschelkalk bildet **Schichtstufen** (z. B. Hainleite, Dün und Hainich). In der Rhön wurden die Muschelkalkflächen mit Basalt aus Vulkanen der Tertiärzeit bedeckt.

Aufgaben

1. Wiederhole wichtige Merkmale des Thüringer Beckens und der Mittelgebirge in Thüringen.

2. Ordne den Abschnitten der geologischen Entwicklung der Erde die damals auftretenden Pflanzen- und Tierarten zu.

3. Kommentiere die Feststellung „Unsere Mittelgebirge sind alt gefaltet und jung gehoben".

4. Welche Geofaktoren spielten bei der Entstehung der Saaleschleife (Abb. 3 S. 93) eine Rolle?

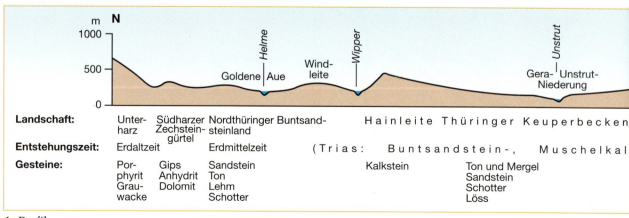

1: Profil

Exkursion

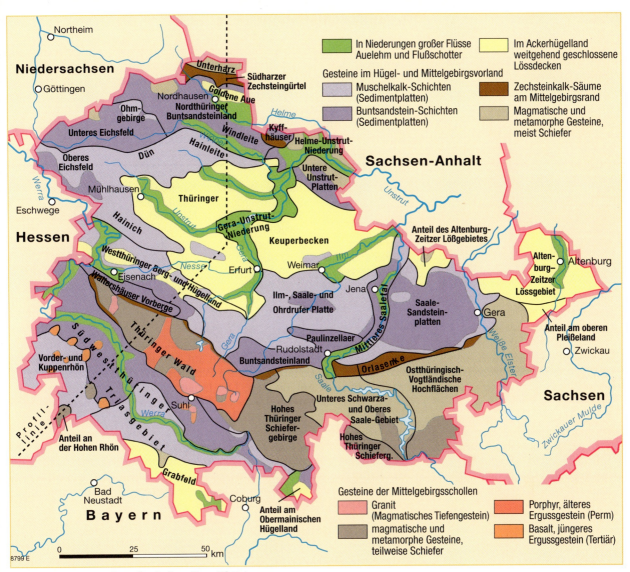

2: Naturräume und geologischer Bau Thüringens

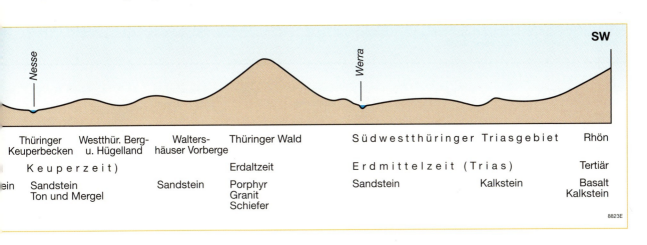

Aufgaben

1. Vergleiche die Temperatur- und Niederschlagsverhältnisse im Thüringer Wald mit denen im Thüringer Becken und begründe deine Ergebnisse.

2. Was sagen die Luv- und Leegebiete des Niederschlags über die Hauptwindrichtung aus?

Besonderheiten des Klimas

Der häufige Wechsel von Hoch- und Tiefdruckwetter bewirkt im vielgestaltigen Landschaftsbild Thüringens ein kleinräumiges „Klimamosaik" mit einigen Auffälligkeiten. Einige Besonderheiten hast du bereits in der 5. Klasse kennen gelernt und kannst sie anhand der Aufgaben wiederholen.

Die Unterschiede zwischen einzelnen Landesteilen macht auch die 50-Jahre-Statistik des Deutschen Wetterdienstes deutlich:

	Thüringer Becken (Erfurt, Weimar, Sömmerda, Bad Langensalza)	Thüringer Wald (Oberhof, Suhl, Meiningen, Ilmenau)	Ostthüringen (Gera, Altenburg, Schmölln, Greiz)
letzter Frost	27. April	06. Mai	25. April
letzter Schneefall	22. April	03. Mai	20. April
Schneedecke bis	30. März	24. April	02. April
Wachstumsbeginn	01. April	22. April	31. März

Die Schneesicherheit im Thüringer Wald, Garant für das Bestehen zahlreicher Wintersportorte, beruht auf dem jährlichen Niederschlagsmaximum in dieser Jahreszeit. Im Winter hängt hier die Wolkendecke durchschnittlich am tiefsten. Die längere Vegetationsperiode in den Becken- und Tallagen wird durch die Leewirkung begünstigt, da beim Absinken der Luft Wolkenauflösung unter Abgabe von Kondensationswärme stattfindet.

Allerdings können die tiefer liegenden Gebiete mitunter auch zu „Kaltluftseen" werden, wenn bei Inversionswetterlagen warme Luft über kalter Luft liegt. Unten herrscht dann ungemütliches Nebelwetter, während auf den Höhen bei Sonnenschein und klarer Sicht ideale Wintersportbedingungen vorhanden sind.

Inversion heißt Umkehr

Im Allgemeinen nimmt die Lufttemperatur vom Erdboden aus nach oben hin ab. Bei einer Inversionslage oder Temperaturumkehr nimmt die Temperatur in einer Luftschicht nach oben zu. Das kann folgende Ursachen haben:

– Starke nächtliche Ausstrahlung bei wolkenlosem Himmel führt im Winter zu einer Bodeninversion. Die bodennahe Luft ist dann kälter als die darüber liegende Luftschicht.

– Absinkvorgänge in Hochdruckgebieten mit Erwärmung der Luft setzen sich nur bis zur Obergrenze einer kalten Luftschicht durch (Absinkinversion). Im Winter kann die Sonnenstrahlung diese Inversion oft nicht auflösen.

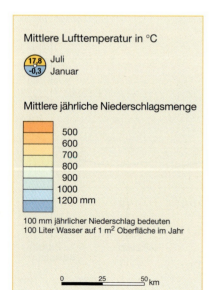

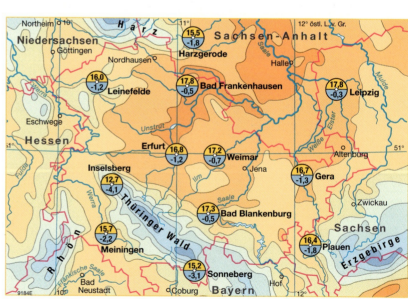

1: Hauptluftmassen und ihre Eigenschaften

Das Gewässernetz

Wenn man das Gewässernetz Thüringens auf einer Karte betrachtet, fällt die Wasserscheide zwischen den Einzugsgebieten der Elbe und der Weser auf, die über den lang gestreckten Kamm des Thüringer Waldes verläuft. Das dichte Gewässernetz ist auf die hohen Niederschläge im Luvbereich zurückzuführen, aber auch die relativ geringe Versickerung in den vorwiegend kristallinen Gesteinen spielt eine wichtige Rolle. Daher hat beispielsweise das Flüsschen Steinach, das aus dem Thüringer Schiefergebirge nach Süden über den Main in den Rhein entwässert, die höchste Abflussmenge aller Thüringer Flüsse je km^2 Einzugsgebiet, was natürlich bei entsprechenden Niederschlägen auch zu starken Hochwässern führen kann. Der notwendige Schutz vor ihnen, die Wasserarmut des Thüringer Beckens und die günstigen klimatischen sowie geologischen Bedingungen (u.a. Standsicherheit für die Mauern!) führten zum Bau zahlreicher Talsperren, darunter die Bleichlochtalsperre als größte in Deutschland.

Trinkwasserleitungen in das niederschlagsarme Thüringer Becken dienen dem Ausgleich des dortigen Wasserdefizits. Auf der Karte ist aber auch im Innern Thüringens ein stark verästeltes Flussnetz zu erkennen – ein Widerspruch? Die Wasserundurchlässigkeit der Mergel (siehe unter „Gesteine") der Keuperzeit sowie der Tone und Lehme, die seit der Tertiärzeit als Verwitterungsmaterial abgelagert wurden, bedingen nur geringe Speicherkapazitäten, es versickert nur wenig Wasser. Hinzu kommt noch, dass die Flüsse auf diesen Ablagerungen ein schwaches Gefälle aufweisen, sodass besonders zur Zeit der Schneeschmelze in den Gebirgen und auf den umgebenden Höhenzügen oft verheerende Überschwemmungen das Unstrutrieth (inneres Thüringer Becken) und das Helmerieth (Goldene Aue) heimsuchten. Der alte Name Rieth bedeutet Sumpf. Die Sümpfe, die sich unter diesen Bedingungen hier ausdehnten, wurden allerdings bereits im 12. Jahrhundert trockengelegt und in eine Kulturlandschaft verwandelt. Nach wie vor kam es aber zu Überschwemmungen, die erst mit dem Bau des Rückhaltebeckens Straußfurt und des Stausees Kelbra gebändigt werden konnten.

	fertig	Stauraum Mio. m^3
Thüringer Wald:		
TS Tambach-Dietharz	1906	0,8
Lütsche-TS	1938	1,1
Ohra-TS	1967	17,5
Thüringer Schiefergebirge:		
Bleiloch-TS	1932	215,0
Hohenwarte-TS	1941	182,0
TS Leibis	2004	39,0
Ostthüringen:		
TS Weida	1956	9,7
TS Zeulenroda	1975	29,0
Südharz:		
TS Neustadt	1905	1,2
Iberg-TS	1952	1,2
Goldene Aue:		
Stausee Kelbra	1970	35,6
Thüringer Becken:		
RHB Lune-Lengefeld	1955	0,7
RHB Straußfurt	1962	19,2
Stausee Hohenfelden	1967	1,1
SP Frohndorf	1970	1,3
SP Großbrembach	1973	2,8
SP Dachwig	1976	2,1
TS Seebach	1977	5,0

TS = Talsperre
SP = Speicher
RHB = Rückhaltebecken

2: Stauanlagen in Thüringen (Auswahl)

Aufgaben

3. Stelle fest, zu welchem Stromsystem die heimatlichen Fließgewässer gehören und wie ihre Wasserführung von Zuflüssen verändert wird.

4. Untersuche auf Exkursionen den Abschnitt eines Baches oder Flusses genauer:
– Skizziere Verlauf und Talform.
– Miss Fließgeschwindigkeit (m/s) und Wasserführung (l/s).
– Bestimme die Gesteinsart der Gerölle.
– Prüfe, ob sich die Materialien auf einer längeren Laufstrecke verändern. Führe auch Sieb- und Schlämmanalysen durch (Gruppenarbeit).
– Welche Gesteine stehen in den Talhängen an? Ist Bodenerosion zu erkennen?

5. Erkläre, warum die Temperaturschwankungen auf den Höhen des Thüringer Waldes geringer sind als in den Vorländern. Beachte besonders Bewölkung und Ausstrahlung.

3: Saaleschleife im Thüringer Schiefergebirge

Exkursionsraum Thüringen: Wirtschafts- und Sozialstrukturen

Der Wirtschaftsraum

Thüringen ist ein überaus heterogen strukturierter Raum. In unserem Bundesland finden wir Industrie-, Agrar- und Erholungsgebiete. Ballungsgebiete weist Thüringen nicht auf, allerdings zeigt der Raum Erfurt Verdichtungsansätze. Die Wirtschaft Thüringens durchläuft seit 1990 einen rasanten **Strukturwandel**, von dem alle Teilräume betroffen sind. Dieser Strukturwandel wird von einem Effizienzschub der Produktion begleitet, der das Bruttoinlandprodukt je Erwerbstätigen in den letzten 10 Jahren um rund 200 Prozent steigen ließ. Dennoch erreicht Thüringen damit erst zwei Drittel des BIP pro Erwerbstätigen, das im Durchschnitt in Deutschland erarbeitet wird. Kennzeichnend für den Strukturwandel ist die Beschäftigtenabnahme im primären und sekundären Sektor (jeweils um etwa 50 Prozent im Vergleich zu 1990) und die Beschäftigtenzunahme im tertiären Bereich. Diese Entwicklung ist mit der Schließung zahlreicher Produktionsstätten verbunden. Die Betriebsgrößenstruktur verschob sich sehr stark in die Richtung klein- und mittelständischer Betriebe. Nur wenige Großbetriebe blieben erhalten (z.B. „Carl Zeiss" – Jena) oder siedelten sich neu an (z.B. „Opel" – Eisenach). Als vorteilhaft erwies sich im Gegensatz zu den anderen neuen Bundesländern, dass in den ehemaligen Großbetrieben viele traditionelle Strukturen mit vielfältigen Produktpaletten erhalten geblieben waren, die eine Entflechtung und den Übergang in die Marktwirtschaft erleichterten. Auch die Mikroelektronik als ein in die Zukunft weisender Industriezweig war in erheblichem Maße in Thüringen angesiedelt. Beides bewirkte, dass sich ein industrieller Kern von etwa 1600 leistungsfähigen Unternehmen bildete.

Ursachen
- Veraltete Produktionsanlagen
- Keine marktfähigen Produktionen
- Fehlende Vertriebssysteme
- Kaum Marketing-Strategien
- Zusammenbruch traditioneller Absatzmärkte

Betroffene Branchen
- Bergbau (Kali)
- Landwirtschaft
- Textilindustrie

1: Ursachen von Betriebsschließungen und besonders betroffene Branchen

Aufgaben

1. Erkläre den wirtschaftlichen Strukturwandel in Thüringen.

2. Erläutere die Folgen dieses Strukturwandels.

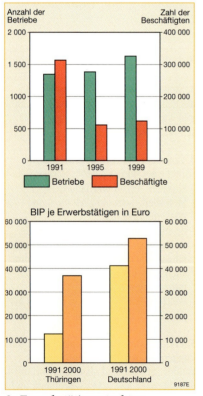

2: Erwerbstätigenstruktur

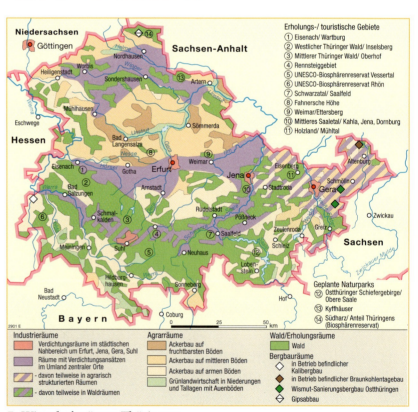

3: Wirtschaftsräume Thüringens

Fallbeispiel Ilmenau

Bis 1990 wurde die Wirtschaft der Stadt durch vier Großbetriebe der Industrie mit ca. 9300 Beschäftigten dominiert. Nur etwa halb so viele Menschen arbeiteten im Dienstleistungsbereich, davon etwa 900 an der damaligen Technischen Hochschule Ilmenau.

Der Zeitraum 1990/91 wird charakterisiert durch den Übergang von der Plan- zur Marktwirtschaft und dem damit einher gehenden Beginn des Strukturwandels. Dieser wurde begleitet von einem erheblichen Arbeitsplatzabbau und der Entflechtung der vier altindustriellen Großbetriebe. Das war außer bei Henneberg-Porzellan möglich, weil sie eine umfangreiche Produktpalette hatten und jeweils mehrere unterschiedliche Produktionslinien nebeneinander bestanden, sodass tatsächlich voneinander unabhängige Betriebe entstehen konnten.

Gleichzeitig begann die Entstehung neuer Unternehmen in den Zukunftsbranchen Informations- und Medientechnik, für die sich Ilmenau aufgrund seiner Standortfaktoren geradezu anbot. Unterstützung erhalten diese Neu- und Ausgründungen durch das 1991 entstandene Technologie- und Gründerzentrum, dessen Experten beratend wirken, Kontakte vermitteln und Präsentationen organisieren.

Weitere Hilfen gewähren private Institute wie z.B. das „Institut für Mikroelektronik und Mechatronik Systeme GmbH" und die Technische Universität mit ihrer Drittmittelforschung. Die Inbetriebnahme des Applikationszentrums 2001 wird die Unterstützung von Gründern in den Zukunftsbranchen Bildverarbeitung, Medizin- und Mikrotechnik von der angewandten Forschung bis hin zur Pilotserie von Produkten weiter verbessern. Ein Beispiel dieser Zusammenarbeit ist die Entwicklung eines neuen Audio-Systems für Kinos in Zusammenarbeit mit dem Fraunhofer-Institut Ilmenau.

Die dazu notwendige Erschließung von Gewerbegebieten bzw. die Sanierung von Altstandorten wurde in Zusammenarbeit mit der Landesentwicklungsgesellschaft (LEG) durchgeführt. Diese Entwicklung ist die Grundlage für das Projekt Technologieregion Ilmenau im Rahmen des Thüringer Technologiedreiecks Erfurt-Ilmenau-Jena.

4: Technische Universität Ilmenau

	1991	1996	2001
Mitarbeiter	ca. 900	ca. 1420 davon 91 Professoren	ca. 1350 davon 93 Professoren
Studenten	ca. 3000	ca. 3000	ca. 7000

5: Arbeitslosigkeit in Ilmenau (Jahresdurchschnitte)

	1992	1996	2001
absolut	6443	5358	5141
in Prozent	20,9	19,0	17,6

6: Technologie-Region Ilmenau – Kompetenzverteilung

7: Stadtzentrum von Ilmenau: restaurierte Bürgerhäuser

8: Alte und neue Gewerbegebiete Ilmenaus an der B 87

Der Sozialraum

Merkmale der Bevölkerungsentwicklung

Die gravierenden wirtschaftlichen Veränderungen in Thüringen in den Jahren nach 1990 zogen einen Wandel des Sozialraums nach sich. Dies zeigt sich besonders in der sinkenden Einwohnerzahl. Zwischen 1990 und 1995 ging die Geburtenrate drastisch zurück. Seitdem steigt sie wieder leicht an und erreichte zu Beginn des neuen Jahrzehnts zwei Drittel des Wertes von 1990. So wurden in Thüringen 2001 3563 Kinder mehr geboren als 1995 und die Geburtenrate stieg von 5,5‰ auf 7,2‰ im Landesschnitt. Da die Zahl der Sterbefälle im gleichen Zeitraum nur leicht zurückging und die Sterberate noch immer bei über 10‰ liegt, wird die natürliche Bevölkerungsentwicklung weiterhin rückläufig bleiben. Dabei setzt sich der Trend zur Überalterung der Bevölkerung fort und wird sich sogar noch verstärken, wenn die geburtenstarken Jahrgänge der Nachkriegszeit in den Ruhestand treten.

Der zweite Grund für die zurückgehende Bevölkerung Thüringens liegt in dem negativen Wanderungssaldo, der für unser Land seit 1989 kennzeichnend ist. Dieser Negativtrend wird lediglich dadurch verdeckt, dass entsprechend einer Vereinbarung der Bundesländer die Asylbewerber und Aussiedler verteilt werden. Ihnen wird zumindest zeitweise der Aufenthaltsort vorgeschrieben. Wenn die Aussiedler aber Arbeit gefunden haben, steht ihnen das Recht der freien Wahl des Wohnsitzes zu, so dass sie meistens aus Thüringen wieder abwandern. Ihre Zahl ist außerdem stark rückläufig. Somit gilt letztlich, dass bis heute mehr Menschen aus Thüringen fortziehen als zuziehen. Mit wenigen Ausnahmen (z.B. das Jahr 1996) verliert Thüringen auf diese Weise jedes Jahr mehrere Tausend Einwohner. Dies hat zur Folge, dass einerseits die Thüringer Wirtschaft über einen zunehmenden Fachkräftemangel klagt und andererseits die Überalterung noch verstärkt wird, zumal vor allem jüngere, leistungsfähige Menschen fortziehen und alte Menschen zuziehen.

Verursacht wird die Abwanderung vor allem durch das nach wie vor bestehende Lohngefälle zwischen den alten und den neuen Bundesländern sowie durch den Mangel an Ausbildungsplätzen in Thüringen. Die Folgen der rückläufigen Bevölkerung sind beträchtlich. So ging der Bedarf an Kinderkrippen- und Kindergartenplätzen zurück. Die vorhandene Struktur dieser Einrichtungen schrumpfte stark. Viele Gemeinden verfügen heute weder über Kindertagesstätten noch über Schulen. Tausende Schüler und ihre Eltern müssen täglich lange Schulwege in Kauf nehmen.

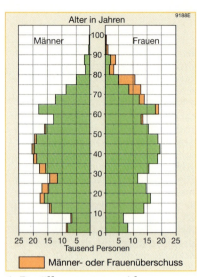

1: Bevölkerungspyramide Thüringens

Aufgaben

1. Werte die Tabellen und Grafiken zur Bevölkerungsentwicklung Thüringens aus.

2. Erkläre die Besonderheiten der Bevölkerungsentwicklung.

3. Erläutere die Folgen dieser Entwicklung.

4. Erkläre den hohen Anteil der Frauen an der Arbeitslosigkeit.

	1995	1998	2001
Zuzüge			
aus dem Ausland	14 225	8 298	8 962
aus and. Bundesländer	26 278	25 371	26 302
Fortzüge			
ins Ausland	5 446	5 148	5 852
in and. Bundesländer	33 801	33 435	41 131
Saldo			
Zu- und Fortzüge	1 256	-4 914	-11 719

2: Wanderungsverhalten in Thüringen

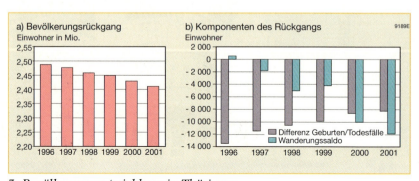

3: Bevölkerungsentwicklung in Thüringen

Exkursion

Merkmale der Erwerbstätigkeit in Thüringen

Von den rund 2,4 Millionen Einwohnern Thüringens waren im Jahr 2000 rund 1,1 Millionen erwerbstätig, gleichzeitig aber 193 610 im Jahresdurchschnitt arbeitslos. Das entspricht einer Quote von 16,5 Prozent. Die Zahl läge noch bedeutend höher, rechnete man auch die Menschen als arbeitslos, die in Arbeitsbeschaffungsmaßnahmen und Umschulungen eingebunden sind.

Besonders hoch ist der Anteil der von Arbeitslosigkeit betroffenen Frauen. Das liegt zum einen daran, dass der Beschäftigtenanteil der Frauen vor der Wiedervereinigung sehr hoch war (woraus entsprechende Ansprüche an die Arbeitslosenversicherungen resultieren) und ist zum anderen darin begründet, dass Frauen von den Betriebsschließungen nach 1990 überproportional betroffen waren.

Eine leichte Entspannung für den Thüringer Arbeitsmarkt bringen die hohen Auspendlerzahlen in die alten Bundesländer. Davon profitieren in erster Linie die Landkreise an der Grenze zu Bayern, zu Hessen und zu Niedersachsen.

Die Zahl der Arbeitslosen, vor allem aber auch die Zahl der nichterwerbstätigen Sozialhilfeempfänger, ist in den Städten Thüringens besonders groß. Das führt dort zu einer Verschärfung der sozialen Probleme.

4: Beschäftigte in Thüringen nach Wirtschaftssektoren

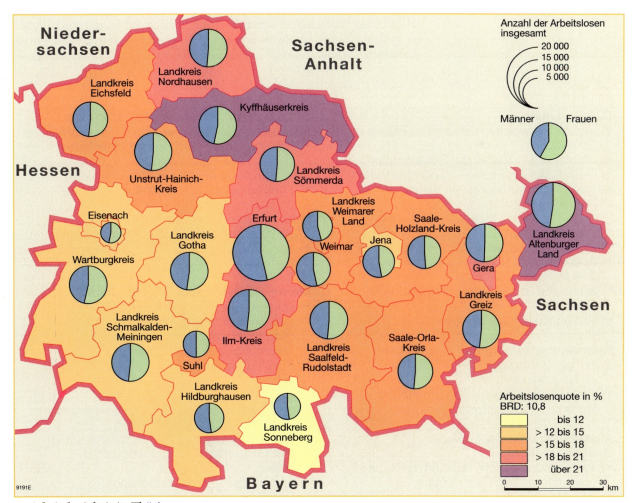

5: Arbeitslosigkeit in Thüringen

Methodenpool

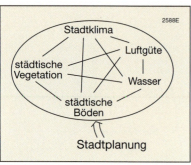

1: Stadtklimatische Zusammenhänge

Stadtökologische Untersuchungen

Bodenversiegelung, fehlendes Grün, Abwasserprobleme, Überwärmung, Luftbelastung, Baumsterben – das sind Probleme, die möglicherweise auch in eurem Heimatort auftreten. Mit einfachen Mitteln könnt ihr versuchen dies selbst zu untersuchen und Ausmaß, Ursachen und Wirkungsweisen zu ergründen. Beachtet folgende Schritte:

1. Legt fest, welche Frage ihr untersuchen wollt und welches Ziel ihr damit verfolgt.
2. Plant eure Vorgehensweise und Untersuchungsmethoden.
3. Dokumentiert eure Ergebnisse nach den Untersuchungen (Wand- oder Schülerzeitung, Ausstellung usw.).
4. Stellt eure Ergebnisse in einen größeren Zusammenhang (Abb. 1).
5. Überlegt euch geeignete Maßnahmen zur Verbesserung möglicher Missstände.

Hier einige Vorschläge, aus denen ihr je nach Jahreszeit und Wetter auswählen könnt, ob ihr notieren •, befragen •, messen, zählen • oder kartieren • wollt.

Durchgrünung
- •• Verhältnis zwischen versiegelter Fläche und Grünflächen
- •• Dichte, Höhe, Vielfalt der Pflanzenarten
- •• Gestaltung von Fassaden und Innenhöfen
- •• Aussehen/Begrünung von Wegen und Parkplätzen

Straßenbäume
- • sichtbare Schäden an Stamm und Krone
- •• Aussehen des Bodens im Wurzelbereich (Verdichtung, Bewuchs)
- •• Breite von Straße/Bürgersteig, Höhe der Häuser
- •• Verkehrsbelastung der Straße

Fassadenbegrünung und ihre Wirkung
- •• Temperaturen vor dem Blattwerk und direkt an Hausmauer
- •• Wirkung bei Niederschlag (Regenablauf- und Versickerungsgeschwindigkeit)

Auswirkung unterschiedlicher Bodenbedeckung
- •• Temperaturen in 2 m Höhe (im Schatten) über unterschiedlichem Untergrund

Blühbeginn von gleichen Pflanzen oder Bäumen an unterschiedlichen Standorten
- •• Erblühen von Forsythien oder Kastanien

Überwärmung an einem Strahlungstag
- •• Fahrradtour zu ausgewählten Standorten

Meinung der Bürger über ihre Stadt
- •• zur Durchgrünung/Ausstattung mit Parks
- •• zum Stadtklima (z.B. windige Ecken und Luftgüte)

Merkmale des Stadtklimas im Stadtplan
- •• Ausgrenzung von klimatisch ähnlichen Gebieten, Überprüfung vor Ort bzw. mit Stadtklimakarte
- •• Belastungsgebiete (mögliche)
- •• Frischluftschneisen, Grüngürtel, Kaltluftzufuhr

Maßnahmen der Stadt zur Verbesserung des Stadtklimas (Städtische Ämter)
- •• Planung von Grünflächen/Straßenbäumen
- •• Planungsunterlagen zu Klimaverhältnissen
- •• Trinkwasser-/Abwasserbehandlung

2: Vorschläge für Untersuchungen in der Stadt

Exkursion

Ein Fließgewässer „vor der Haustür"

Viele Flüsse und Bäche werden ähnlich wie die Elbe genutzt und durch den Menschen verändert. In welcher Weise dies für die Gewässer in eurer Umgebung zutrifft, solltet ihr einmal selbst erkunden. Durch praktische Untersuchungen an einem Bach oder Fluss und durch Auswertung von Informationsmaterialien, zum Beispiel Karten und alten Chroniken, durch Befragung von Fachleuten, zum Beispiel im Wasserwerk oder beim Stadtplanungsamt, könnt ihr Genaueres erfahren.

Sinnvoll ist es auch „Fächer übergreifend" zu arbeiten. Mit Unterstützung des Chemie- und Biologielehrers wird es möglich sein, die chemischen Kenndaten und die Lebensgemeinschaften genau zu bestimmen und zu erklären.

Vor der Untersuchung am Gewässer solltet ihr anhand von Karten und Befragungen Folgendes beantworten:
– Wo liegt die Quelle, wo die Mündung, wie lang ist die Fließstrecke?
– Welche Nebenflüsse speisen den Fluss?
– Wie verändert sich die Wasserführung im Jahresverlauf?
– Welchen Flussabschnitt wollen wir unter welcher Fragestellung genauer untersuchen?

Während der Untersuchung könnt ihr die weiteren Fragen beantworten. Haltet eure Ergebnisse im Protokoll fest. Vergesst nicht Skizzen und Fotos anzufertigen.
– Wie ist der Fluss in seinem natürlichen Lauf, zum Beispiel durch Begradigung, Uferbefestigung oder Wehre, verändert worden?
– Wie wirken sich die Veränderungen zum Beispiel auf die Ufervegetation, die Fließgeschwindigkeit oder die Wasserführung aus? Gibt es auch noch naturnahe Abschnitte?
– Wie wird die Umgebung des Flussabschnittes genutzt? Sind Belastungen, wie Abwassereinleitungen, erkennbar? Beeinflussen die Belastungen zum Beispiel die Temperatur, den Sauerstoffgehalt oder den ph-Wert?
– Sind Teile der Flusslandschaft unter Schutz gestellt?

Anfertigen einer Kartenskizze

Arbeitsschritte

1. Zeichne aus einer topographischen Karte das darzustellende Objekt, z.B. den Lauf des Flusses, den untersuchten Flussabschnitt, heraus.
Zeichne den Maßstab ein.
2. Überlege, welche Inhalte die Zeichnung enthalten soll.
3. Wähle für die verschiedenen Inhalte anschauliche Symbole oder Farbmarkierungen (Legende!).
4. Gib der Kartenskizze eine Überschrift, ein Thema.
5. Trage die verschiedenen Informationen mithilfe der Symbole in die Karte ein.
6. Veranschauliche wichtige Informationen, indem du z.B. Fotos, Profile, Diagramme in die Kartenskizze einfügst. Der genaue Bezugsort ist durch einen Punkt und einen Pfeil zu kennzeichnen.
7. Prüfe, ob die erstellte Skizze alles, was zum Thema gehört, enthält.

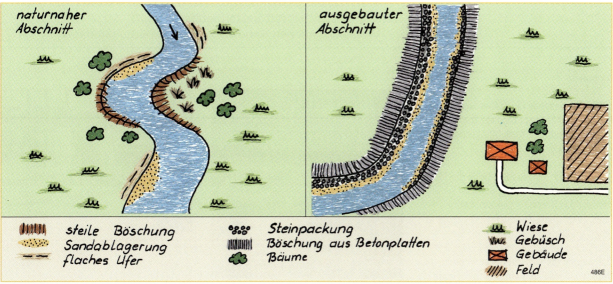

3: Schülerskizze

Gesteinsbestimmung

Gesteine geben Auskunft

Die erdgeschichtliche Zeittafel gibt Auskunft über die Entwicklung der Erdkruste seit über 600 Mio. Jahren. Wie ist das möglich? Wichtige Zeugen sind die Fossilien, die in den Gesteinen eingeschlossenen Reste und Spuren von Pflanzen und Tieren, z.B. die Muschelschalen im Kalkstein. Aber auch die Gesteine selbst mit ihren vielfältigen Veränderungen „berichten" von Gebirgsbildungen, Vulkanausbrüchen, Eisvorstößen und anderen Vorgängen in und auf der Erdkruste, wie das Schema „Kreislauf der Gesteine" deutlich macht.

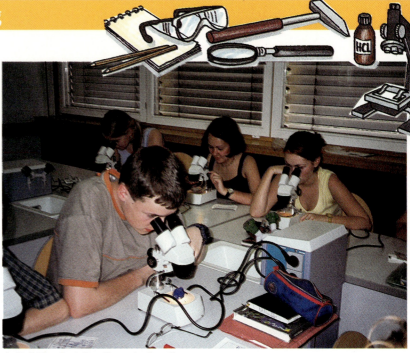

1: Schüler bei der Gesteinsbestimmung

Wir untersuchen Gesteine

Schlage mit dem stumpfen Ende des Hammers ein frisches Gesteinsstück ab (Vorsicht: Augen schützen!).
1. Stelle Struktur und Gefüge der Minerale fest (Lupe benutzen).
2. Wiege den Stein in der Hand und schätze grob die Dichte.
3. Beurteile die Oberflächenbeschaffenheit durch Betasten.
4. Ritze mit dem Fingernagel, mit dem Taschenmesser oder mit Glas zur Feststellung der Härte.
5. Mache die Salzsäureprobe zum Nachweis von Kalk (schäumt auf).
6. Prüfe, ob das Gestein spaltbar ist. Tauche es in Wasser und beobachte, ob es sich löst (Langzeitbeobachtung).
7. Vergleiche mit den Handstücken aus der Schulsammlung.

Aufgaben

1. Welche Gesteine (auch Erze und Lockersedimente) hatten oder haben noch eine wirtschaftliche Bedeutung in deinem Heimatgebiet?

2. Untersuche an einem Beispiel die Entwicklung der Gewinnung und der Verarbeitung des Rohstoffs Gestein. Ordne nach Möglichkeit diesen Erwerbszweig in einen größeren Wirtschaftsraum ein.

3. Erkunde die wirtschaftliche Verwendung von Gesteinen aus den drei Hauptgruppen in Thüringen.

2: Tongrube einer Ziegelei

3: Fließgips im Innenausbau

Exkursion

Die Einordnung von Gesteinen in Hauptgruppen

Gesteine sind Gemenge aus Mineralen, diese sind natürliche anorganische chemische Verbindungen, meist in kristallisiertem Zustand (z.B. Quarz – SiO_2). Grundsätzlich unterscheidet man
- **magmatische Gesteine,**
- **Sedimentgesteine und**
- **metamorphe Gesteine.**

Magmatische Gesteine, die wiederum in Tiefen- und Ergussgesteine untergliedert werden, entstehen bei der Abkühlung von Gesteinsschmelze, Magma genannt.

Sedimentgesteine (lat: sedimentum = Bodensatz) entstehen durch exogene Vorgänge aus Materialien wie Verwitterungsschutt, Salzen oder Pflanzen- und Tierresten. Aus Lockersedimenten entstehen durch Druck und Bindemittel (z. B. Eisenverbindungen) feste Sedimente, so wird aus Sand allmählich Sandstein. Nach dem Ort der Ablagerung werden terrestrische (auf dem Festland) und marine (im Meer) Sedimente unterschieden.

Geraten magmatische Gesteine oder Sedimentgesteine unter hohen Druck und hohe Temperaturen, erfolgt eine Umwandlung (Metamorphose), besser gesagt: ein Umschmelzen der Minerale.

Aufgaben

4. Vergleiche die Angaben zu den Gesteinsarten mit der Abb. Kreislauf der Gesteine und mit den Gesteinsabbildungen. Beachte besonders das Zusammenwirken von endogenen und exogenen Vorgängen.

5. Entnimm der Gesteinssammlung deiner Schule Handstücke der erwähnten Gesteinsarten und überprüfe die typischen Merkmale.

6. Erkunde, welche Gesteine in deinem Ort als Baumaterial Verwendung finden. Ordne sie den Gesteinsarten zu.

Sandstein
- Trümmergestein (mechanisches Sedimentgestein)
- gelb-grauer Sandstein marinen Ursprungs (z.B. Elbsandsteingebirge)
- schichtige Struktur
- Ausgangssediment: Sand
- Nutzung: gut zu verarbeitender Baustein und Werkstein

Kalkstein
- marines Ausfällungsgestein (chemisches Sedimentgestein)
- oder aus kalkhaltigen Ablagerungen von Meerestieren entstanden (also auch biogene Komponente)
- Farbe: weiß bis grau
- Auftreten von Lösungserscheinungen durch Wasser (Karst)
- Nutzung: Baukalk und Zement

Granit
- magmatisches Tiefengestein
- regellos körnige Struktur
- typische Mineralzusammensetzung:
  Feldspat • weiß oder rötlich
  Quarz • farblos, erscheint grau
  Glimmer • schwarz glänzend
- große Härte
- Nutzung: als Baumaterial

Basalt
- magmatisches Ergussgestein
- dichte einheitliche Grundmasse, schwarz
- als Fels meist säulenartige Ausbildung
- Nutzung: meist als Schotter
- sehr große Härte

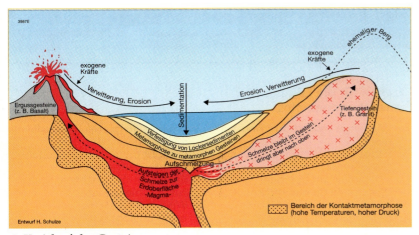

4: Kreislauf der Gesteine

Ein Interview führen

Interview

Ein Interview ist das gezielte Befragen von Personen zur Ermittlung von Informationen (z. B. Einstellungen, Meinungen, Verhalten, Erlebtes). Der Interviewer stellt Fragen und steuert das Gespräch nach einem vorher fest gelegten Leitfaden, der Interviewte beantwortet die Fragen. Bei kurzen Antworten kann nachgefragt werden.

Das Interview kann als einmalige oder wiederholte Befragung erfolgen, als Einzel- oder Gruppeninterview angelegt sein, strukturiert (Vorgabe von Antwortmöglichkeiten) oder offen sein.

Ein Interview führen

1. Schritt: Das Thema festlegen und sich informieren
Verschafft euch Informationen über das gewählte Thema (Lexikon, Internet u.a.).

2. Schritt: Einen Fragebogen erstellen
Es gibt Fragen, die nur mit ja oder nein beantwortet werden können. Die Antworten werden in einer Strichliste festgehalten. Bei Fragen, zu denen viele Antworten möglich sind, könnt ihr euch vor der Befragung mögliche Antworten überlegen und aufschreiben. Beim Interview könnt ihr die Antworten ankreuzen und weitere Antworten ergänzen, an die ihr nicht gedacht habt. Es gibt Fragen, bei denen sehr viele Antworten möglich sind. Die Antworten können stichpunktartig notiert werden oder mit einem Rekorder aufgezeichnet werden. Ihr könnt sie mehrmals anhören und anschließend auswerten.

3. Schritt: Die Interviewpartner festlegen
Ihr könnt zum Beispiel etwa die gleiche Anzahl von Jugendlichen und älteren Menschen auswählen und ihre Antworten miteinander vergleichen.

4. Schritt: Durchführung des Interviews
Übt in der Klasse, wie ihr vorgeht, und führt erst dann das Interview. Stellt euch eurem Interviewpartner vor. Das kann zum Beispiel so gemacht werden: „Wir sind Schülerinnen und Schüler der Käthe-Kollwitz-Schule und sprechen im Unterricht über die Frage, ob unser Ort lebenswert ist. Dazu würden wir gern ihre Meinung hören."

5. Schritt: Auswertung
Antworten zu Ja-Nein-Fragen und angekreuzte Antworten werden gezählt. Die Notizen werden zu Kernaussagen zusammengefasst.

6. Schritt: Darstellung der Ergebnisse
Ihr könnt eine Wandzeitung mit Originalsätzen aus den Interviews gestalten, z. B. die Pro-und-Kontra-Argumente gegenüberstellen.

Arbeitsmittel

Kassettenrekorder mit Mikrofon,
Schreibunterlage,
Schreibzeug,
Liste der vorbereiteten Fragen,
Fotoapparat

1: Schülerinnen führen ein Interview

Fragen für die Erkundung eines Wohngebietes

- Wie lange wohnst du schon hier?
- Fühlst du dich in deinem Wohngebiet wohl?
- Was gefällt dir besonders gut?
- Was gefällt dir hier nicht?
- Wie bist du mit den öffentlichen Verkehrsmitteln (z.B. Straßenbahn) zufrieden?
- Wie bist du mit den Einkaufsmöglichkeiten zufrieden?
- Wie bist du mit den Freizeitangeboten zufrieden?
- Kannst du dir vorstellen, auch in Zukunft hier zu leben?
- Was würdest du hier ändern, wenn du könntest?
- An wen wendest du dich?

Erkundungsauftrag:

- Informiert euch über eure Stadt bzw. euren Stadtteil. Dazu könnte ihr z.B.
  - Fotos, Ansichtskarten, Stadtpläne, Berichte, Zahlen sammeln,
  - verschiedene Personen befragen,
  - Beobachtungen durchführen.
- Wertet die Materialien aus und stellt die Ergebnisse z.B. auf einer Wandzeitung dar.
- Macht Vorschläge für Verbesserungen.

Exkursion

Eine Befragung durchführen

Grundlage für Befragungen ist ein Fragebogen, der aus „geschlossenen" und/oder „offenen" Fragen besteht. Bei „geschlossenen" Fragen werden verschiedene Antwortmöglichkeiten vorgegeben, so dass nur das Zutreffende anzukreuzen ist – eine Auswertung ist statistisch einfach zu bewältigen. „Offene" Fragen hingegen lassen viele Antworten zu, so dass die so erhaltene breite Antwortpalette zu verdichten ist. Die Fragen können schriftlich und mündlich beantwortet werden. Befragt werden immer mehrere Personen – je größer die Anzahl der Befragten, desto repräsentativer die Ergebnisse.

Name des Dorfes ▢▢▢▢▢▢▢▢ Einwohnerzahl ▢▢▢▢▢▢▢▢

Verkehrsmittel
1. Mit welchen öffentlichen Verkehrsmitteln könntest du täglich in die nächste Stadt fahren?
   Verkehrsmittel   Anzahl der Fahrten   Hin   Rück
   ▢▢▢▢   Werktag   ▢▢▢ / ▢▢▢ / ▢▢▢
   ▢▢▢▢   Wochenende   ▢▢▢ / ▢▢▢ / ▢▢▢

Arbeitsmöglichkeiten
2. Welche Arbeitsmöglichkeiten bietet das Dorf? (z. B. Läden, Handwerker, Fabriken, Gastwirtschaften usw.)
3. Was ist der größte Gewerbebetrieb? ▢▢▢
   Anzahl der Arbeitsplätze ▢▢▢
4. Befrage Schüler des Dorfes, ob die Eltern im Ort arbeiten.
   Wie viele Eltern arbeiten im Dorf: ▢▢▢
   Wie viele Eltern arbeiten anderswo: ▢▢▢

Versorgung
5. Wie viele Geschäfte existieren im Dorf? ▢▢▢
6. Welche Geschäfte gibt es? (z. B. Bäcker, Lebensmittel)
7. Befrage drei Dorfbewohner: Welche Waren kaufen sie zumeist im Dorf, welche anderswo?
Im Dorf: ▢▢▢
Anderswo: ▢▢▢

Landwirtschaft
8. Wie groß ist der Bauernhof, den du erkunden willst?
   Gesamtgröße: ▢▢▢ Ackerfläche: ▢▢▢ Grünland: ▢▢▢
   Anbau ▢▢▢ Tiere: ▢▢▢
9. Wie viele Bauernhöfe gibt es im Dorf? (Eintrag Karte)
10. Wie viele der Höfe leben nur von der Landwirtschaft?
11. Manche Bauernhöfe werden heute anders genutzt. Stelle fest, wie!
12. Woran hast du erkannt, dass es sich um ehemalige Bauernhöfe handelt?
13. Wo befinden sich Einfamilienhäuser, Doppel- oder Reihenhäuser (Eintrag Karte)?
14. Versuche, das Baualter von einzelnen Ortsteilen durch Befragen der Bewohner herauszufinden (Eintrag Karte).

Freizeitmöglichkeiten
15. Welche Möglichkeiten nehmen sie/nimmst du wahr, mit anderen Dorfbewohnern etwas gemeinsam zu erleben?
    Person A (Jugendlicher): ▢▢▢
    Person B (Alter circa 40 Jahre): ▢▢▢
    Person C (Alter circa 65 Jahre): ▢▢▢

2: Beispiel für einen Fragebogen

Arbeit mit Karten und Statistiken

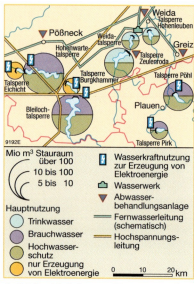

1: Südostthüringen: Wasser- und Energiewirtschaft

So interpretiere ich eine thematische Karte

1. Lesen einer Karte
a) Welcher Raum wird dargestellt?
b) Was soll mit dieser Karte ausgesagt werden?
c) Informiere dich über die Karteninhalte (Kartentitel, Legende).

2. Beschreiben der Karte bzw. des Karteninhaltes
Beschreibe Teilräume unter Berücksichtigung aller Informationen der Karte.

3. Analysieren und erklären des Beschriebenen
a) Erkläre die räumliche Verteilung des in der Karte Dargestellten.
b) Zeige kausale und funktionale Zusammenhänge auf. Beziehe dazu dir zugängliche weitere Informationen zum Beispiel aus dem Internet mit ein.

So interpretiere ich eine Tabelle

1. Beschreibung des Tabelleninhaltes
a) Welche Kennzahlen enthält die Tabelle?
b) Welches sind prozentuale bzw. absolute Angaben?
c) Welche Höchst- und Tiefstwerte gibt es?

2. Erklärung des Vorgefundenen
a) Erkläre die Unterschiede / Extremwerte in der Tabelle.
b) Erkläre Ursachen für die Unterschiede mithilfe deines Vorwissens.

3. Bewertungen und Folgerungen
a) Fasse deine wichtigsten Aussagen zusammen.
b) Welche Folgerungen ergeben sich aus a)?
c) Gib eine Prognose zur weiteren Entwicklung ab. Nutze auch aktuelle Daten aus dem Internet.

2: Fremdenverkehr in Thüringen

Jahr	Geöffnete Betriebe	Gästebetten Insgesamt	je 1 000 Ew.
1992	876	44 348	17
1993	995	47 592	19
1994	1 195	55 068	22
1995	1 338	61 753	25
1996	1 383	66 516	27
1997	1 435	69 150	28
1998	1 454	70 044	28
1999	1 496	71 514	29
2000	1 505	72 810	30

3: Anteil der Wirtschaftsbereiche an der Bruttowertschöpfung Thüringens

Wirtschaftsbereich	1991	1992	1993	1994	1995	1996	1997	1998	1999	2000
Land- und Forstwirtschaft, Fischerei in %		3,1	2,6	2,2	2,0	2,1	2,1	2,2	2,2	2,1	2,2
Produzierendes Gewerbe ohne Baugewerbe in %		17,8	14,6	15,0	15,8	16,2	17,7	18,3	19,9	19,3	20,7
Baugewerbe in %		13,5	17,5	17,4	18,1	16,4	14,4	13,4	11,5	10,5	9,3
Handel, Gastgewerbe, Verkehr in %		17,6	17,0	16,2	15,8	15,8	15,2	15,1	15,7	15,4	15,0
Finanzierung, Vermietung, Finanzierungsdienstleister in %		12,7	14,6	18,2	18,9	20,4	1,6	23,2	24,6	25,7	26,0
Öffentliche und private Dienstleister in %		35,3	33,7	30,9	29,4	29,2	28,9	27,7	26,9	27,0	26,8

Exkursion

Wozu Diagramme?

Große Zahlen und Datenmengen sind oft kaum zu überschauen und schlecht vorstellbar. Um dennoch mit ihnen arbeiten zu können verarbeitet man sie in Schaubildern bzw. in Diagrammen. Mithilfe dieser können die Zahlen besser verglichen werden und man kann bestimmte Tendenzen gut veranschaulichen. Außerdem lassen sich Veränderungen über größere Zeiträume unter Zuhilfenahme von Diagrammen gut beschreiben.

Arten von Diagrammen

Es gibt zahlreiche Arten von Diagrammen, denn man kann Daten in ganz unterschiedlicher Weise darstellen. Steht man vor der Aufgabe ein Diagramm zu entwerfen, sollte man zunächst überlegen, was mithilfe des Diagramms verdeutlicht werden soll.
Kurvendiagramme eignen sich besonders für die Darstellung zeitlicher Veränderungen. In ihnen können durch mehrere Kurven verschiedene Verläufe oder Szenarien verglichen werden.
Säulendiagramme verwendet man, wenn man Proportionen verdeutlichen möchte. Zahlenwerte lassen sich einfach ablesen und Größenverhältnisse fallen sofort ins Auge.
Kreisdiagramme können sowohl für die Darstellung absoluter als auch relativer Zahlen verwendet werden. Absolute Werte können mithilfe verschiedener Radien, relative Werte (Anteile) mithilfe von Kreissektoren abgebildet werden.

Aufgaben

1. Interpretiere die Karte von Abb. 1. Nutze dazu die Schrittfolge.

2. Nimm eine Interpretation von thematischen Karten deiner Heimatregion vor.

3. Interpretiere die Tabellen der Abb. 2 bis Abb. 4. Nutze die entsprechende Schrittfolge.

4. Veranschauliche die Daten der Tabellen in Abb. 2 bis 4 in geeigneten Diagrammen. Zeichne jeweils ein Kurven-, Säulen- und Kreisdiagramm. Wähle dazu die Diagrammart aus und begründe.

5. Ermittelt wirtschafts- und sozialgeographische Daten aus eurem Exkursionsgebiet. Gestaltet dazu Diagramme.

Zeichnen von Kreisdiagrammen

(Arbeitsmittel: Taschenrechner, Lineal, Winkelmesser, Zirkel, Stifte)

1. Zuerst werden die absoluten Zahlen in Prozentangaben mithilfe der Dreisatzrechnung umgerechnet.

2. Diese Prozentangaben werden nun in Grad umgerechnet, um die Größe für die Kreissektoren zu bestimmen (Der ganze Kreis steht für 100%). Dazu werden die Prozentangaben mit 3,6 multipliziert (100% = 360°).
Achtung! Durch Auf- und Abrunden kann es zu geringen Abweichungen kommen, die dazu führen, dass am Ende nicht genau 360° erreicht werden. Diese relativ geringen Abweichungen haben aber keinen Einfluss auf die Grundaussagen des Diagramms!

3. Die errechneten Kreissektoren werden im Uhrzeigersinn mit „12 Uhr" beginnend abgetragen. Es wird stets mit dem größten Kreissektor begonnen. Es folgt der zweitgrößte, dann der.... usw. Der kleinste Sektor wird zum Schluss eingezeichnet.

4. Die einzelnen Kreissektoren werden zur besseren Abgrenzung und Anschaulichkeit mit einer Flächensignatur gekennzeichnet (Farbe, Raster).

5. Die Sektoren können direkt beschriftet oder durch eine Legende beschrieben werden.

6. Aus der Über- oder Unterschrift des Diagramms muss hervorgehen, welche Inhalte in dem Diagramm dargestellt werden. Die Datenquelle sollte in der Regel angegeben werden.

4: Bergbau und Verarbeitendes Gewerbe in Thüringen

Jahr	Anzahl der Betriebe	Beschäftigte in 1 000
1991	1 349	314
1992	1 176	149
1993	1 182	118
1994	1 401	115
1995	1 388	111
1996	1 396	108
1997	1 448	110
1998	1 532	117
1999	1 633	124
2000	1 715	133

Verkehrszählung

ℹ Verkehrszählung

Eine Verkehrszählung dient dazu, aktuelle Zahlen zur Verkehrssituation eines Ortes oder Ortsteiles zu gewinnen. Dabei kann zum Beispiel das Verkehrsaufkommen in ausgewählten Straßen oder an einer Kreuzung zu verschiedenen Zeiten ermittelt werden.

1: Verkehrszählung der Klasse 10d

Wir untersuchen die Verkehrssituation am Schulort

In einem Projekt am Schulort könnt ihr untersuchen, welche Straßen, Kreuzungen und Plätze besonders verkehrsreich sind und welche Auswirkungen der Verkehr auf die Umwelt hat.
Dazu müsst ihr an einem Vormittag bzw. in der Rush-hour eine Verkehrszählung durchführen. Um diese Aufgabe zu lösen, teilt ihr euch am besten in Kleingruppen auf.
Entscheidend für den Erfolg der Projektarbeit ist die Vorbereitung. Bei der Durchführung müssen alle „an einem Strang ziehen". Das ist häufig nicht ganz einfach, aber machbar, wenn man sich vorher auch über Verhaltensregeln einig geworden ist. Die Auswertung der Arbeitsergebnisse kann auch fachübergreifend erfolgen, insbesondere mit dem Fach Biologie, wenn durch die Verkehrszählung auch indirekt der Lärmpegel des Verkehrs gemessen wird.

Arbeit in Kleingruppen

Vorbereitung:
- Festlegen der Standorte für die Verkehrszählung (Abb. 1 und 2): Standorte im Ortsplan markieren, Zahl der Personen pro Standort bestimmen, Gefahrenstellen benennen.
- Festlegen des Erhebungszeitraumes: Von wann bis wann soll gezählt werden (z. B. Rush-hour)?
- Festlegen der Art der Erhebung: Erhebungsbögen der einzelnen Gruppen aufeinander abstimmen.

Durchführung:
- Jede Gruppe trägt sich in einen Plan ein (wo? wer? wann? was?).
- Was ist mitzunehmen (Schreibunterlage, Stifte, Uhr, Erhebungsbögen)?
- Auswertung der Erhebungsbögen: Zahlenmaterial aufbereiten, ggf. Auswertung mit Computer.
- Umsetzen in Schaubilder, z. B. Karten, Tabellen, Säulen- oder Kreisdiagramm.

Präsentation:
- Darstellung des Gesamtergebnisses. Sie kann erfolgen durch:
  – eine Wandzeitung,
  – eine Ausstellung in der Schule oder im Rathaus,
  – einen Artikel in der Lokalzeitung,
  – Zeichnung einer Lärmpegelkarte für den Schulweg.

Erkundungen

Diese Dinge könnt ihr erkunden:
– Zählt Autos und Fahrzeuginsassen zu bestimmten Tageszeiten.
– Fotografiert den Autoverkehr einer Ortsdurchfahrt zu bestimmten Zeitpunkten.
– Dreht einen Videofilm von gefährlichen Verkehrspunkten (Kreuzung, Schulweg).
– Besorgt euch Pläne und Entwürfe von einer geplanten Verkehrsberuhigung.
– Protokolliert die Aussagen betroffener Anwohnerinnen und Anwohner.

Befragungen

Diese Personen könnt ihr befragen:
– Privatpersonen: Anwohnerinnen und Anwohner einer besonders verkehrsreichen Straße, Pendler an Haltestellen oder auf Park-and-Ride-Plätzen, Kundinnen und Kunden am Supermarkt (z.B. woher?, wie oft pro Woche?)
– Sachverständige aus der Gemeinde: (z. B. über Radwege, Tempo-30-Zonen, Park-and-Ride-System)
– Bürgermeister: (z. B. zur Verkehrsbelastung, zum ÖPNV)
– Vertreterinnen und Vertreter von Bürgerinitiativen: (z.B. über Landschaftsschutz)

Exkursion

Verkehrszählung und Lärmpegel

Lärm verursacht Stress, indem er den Körper bei Menschen und Tieren in Erregung und Angst versetzt. Dies beeinflusst nicht nur das Wohlbefinden, sondern kann zu Gesundheitsschäden führen.

Der Lärm wird in dB(A) gemessen. Entscheidend für Schädigungen ist die Dauer der Lärmeinwirkung.

Beispiele für Lärmpegelwerte:
- 130 dB(A) Schmerzgrenze
- 100 dB(A) Presslufthammer
- 90 dB(A) Schwerhörigkeit zu befürchten
- 80 dB(A) starker Autoverkehr
- 60 dB(A) Unterhaltung
- 40 dB(A) evtl. Schlafstörungen
- 30 dB(A) Flüstern

Der Lärm kann mit einem Lärmpegelmessgerät (Physiksammlung) gemessen werden.

Ist kein Messgerät zur Hand, so können über eine Verkehrszählung die Werte ermittelt werden. Da unterschiedliche Fahrzeuge unterschiedliche Lautstärken entwickeln, müssen alle gezählten Fahrzeuge in PKW-Einheiten (PE) umgerechnet werden: LKW/Bus=5 PE, Motorrad=8 PE. Die errechneten PE-Werte werden auf eine Stunde hochgerechnet und der Lärmpegel in einer Tabelle abgelesen.

Protokoll

Messort: Niehler Straße / Gürtel

Entfernung von der Fahrbahnmitte: ca. 10m
Datum: 30.6.99   Uhrzeit: 13.²⁰-13.³⁸ Uhr
Messdauer: 18,5 Min.
LKW/Bus: ̶H̶H̶ III
Rad: III
PKW: (Strichliste)

Umrechnung in PKW-Einheiten (PE):

257 PKW = 257 PE
8 LKW×5 = 40 PE
3 Krad×8 = 24 PE
insgesamt: 321 PE

321 PE / 18,5 min

PE/h = 1041

Lärmpegel ca. 71 dB (A)

Verhältnis zwischen Fahrzeugaufkommen und Lärmpegel:

Kfz/h	ca. dB (A)
9 – 10	50
82 – 100	60
257 – 341	65
342 – 428	66
429 – 512	67
513 – 681	68
682 – 852	69
853 – 1000	70
1001 – 1347	71
1348 – 1697	72
1698 – 2048	73
2049 – 2730	74
2731 – 3412	75
3413 – 4096	76
4097 – 5461	77
5462 – 6826	78
6278 – 8192	79

Schallpegel in dB (A)	Risiko für Hörminderung in Prozent bei				Ausmaß der Hörminderung in dB
	10	20	30	40	
	Stunden in einer Diskothek pro Woche				
120	94	95	95	95	10 und mehr
110	92	94	95	95	
100	60	75	95	96	
90	0	0	2	12	

2: Risiko für 16-Jährige für eine Hörminderung nach 5 Jahren bei häufigen und zu lauten Diskothekenbesuchen (z.B. bei einem zehnstündigen Besuch/Woche in einer Diskothek mit Musik von 110 dB (A) haben nach 5 Jahren 92 % der Besucher eine Hörminderung von mindestens 10 dB)

Aufgaben

1. Was ist bei der Arbeit in Kleingruppen zu beachten?

2. Berechne im Mathematikunterricht den Lärmpegel an einer Straße für 10 LKW, 5 Fahrräder und 83 PKW bei einer Messdauer von 29,5 Minuten.

3. Beschreibe die Auswirkungen des Verkehrslärms auf den menschlichen Organismus.

Grübeln und Tüfteln

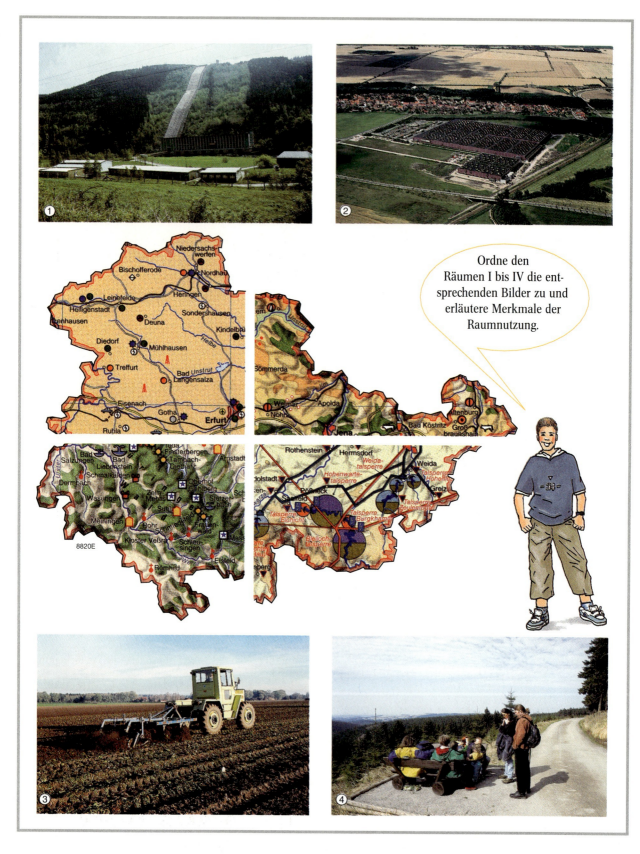

Ordne den Räumen I bis IV die entsprechenden Bilder zu und erläutere Merkmale der Raumnutzung.

Exkursion

Das Wichtigste kurz gefasst:

Exkursion

Exkursionen sind Raumanalysen vor Ort. Unter Nutzung unterschiedlicher geographischer Arbeitsmethoden wird der Natur- und Wirtschaftsraum Thüringens oder eines Teilraumes davon untersucht.

Exkursionsgebiet Thüringen: Naturraum

Das Bundesland Thüringen liegt in der Mitte Deutschlands. Seine Oberflächengestalt wird überwiegend von Thüringer Wald, Schiefergebirge, Harz und dem Thüringer Becken bestimmt. Sie entstanden durch das Wirken endogener und exogener Kräfte.
Thüringen liegt im Übergangsklima der gemäßigten Klimazone, wobei das Thüringer Becken ein klimatisch begünstigter Raum ist. Das Gewässernetz wird durch die Wasserscheide des Thüringer Waldes charakterisiert. Zahlreiche Stauanlagen regulieren den Wasserabfluss, Trinkwasserleitungen versorgen insbesondere das niederschlagsarme Thüringer Becken.

Exkursionsgebiet Thüringen: Wirtschafts- und Sozialraum

Thüringen weist eine vielfältige Wirtschaftsstruktur auf. Seit 1990 vollzieht sich in den Agrar-, Industrie- und Erholungsgebieten Thüringens ein wirtschaftlicher Strukturwandel. Die Beschäftigtenzahlen im primären und sekundären Sektor nehmen immer weiter ab, die im tertiären Sektor nehmen zu. Betriebsschließungen und die Verringerung der Betriebsgrößenstruktur sind die Folge.
Die Einwohnerzahl Thüringens nahm in den vergangenen Jahren ständig ab, einerseits durch ein verringertes natürliches Bevölkerungswachstum, andererseits durch eine starke Abwanderung der arbeitsfähigen Bevölkerung in benachbarte westliche Bundesländer.

Methodenpool

Bei der Analyse von Exkursionsgebieten finden vielfältige Methoden Anwendung: physisch-geographische Arbeitsmethoden (z.B. Gesteinsbestimmung, Gewässer- und Bodenanalysen) und sozialempirische Arbeitsmethoden (z.B. Interviews und Befragungen, statistische Erhebungen). Die Ergebnisse werden ausgewertet, verdichtet und dokumentiert.

Grundbegriffe

endogener Vorgang
exogener Vorgang
Stadtökologie
Schichtstufe
Strukturwandel
magmatisches Gestein
Sedimentgestein
metamorphe Gestein

Minilexikon

Atmosphäre (Seite 16)
Die etwa 1000 km dicke Lufthülle der Erde. Sie besteht aus einem Gemisch verschiedener Gase. Die wichtigsten Bestandteile der Atmosphäre sind Stickstoff (77 %), Sauerstoff (21 %), Wasserdampf und Argon. Die unterste Schicht der Atmosphäre heißt Troposphäre. Sie reicht bis in 10 km Höhe. In ihr findet das Wettergeschehen auf der Erde statt.

Bauleitplanung (Seite 70)
Aufgabe der B. ist es, die bauliche und sonstige Nutzung öffentlicher und privater Grundstücke vorzubereiten und zu leiten. Die B. gliedert sich in eine „vorbereitende Planung", den → Flächennutzungsplan, und in eine „verbindliche Planung", den → Bebauungsplan.

Bebauungsplan (Seite 70)
Der Bebauungsplan legt verbindlich die Nutzungsart der Grundstücke fest. Er ist Teil der → Bauleitplanung.

endogene Vorgänge (Seite 90)
Vorgänge, die durch erdinnere Kräfte ausgelöst werden, die ihren Ursprung im Magma besitzen. Neben Magmabewegungen, Vulkanismus und Erdbeben zählen auch die epirogenetischen Krustenbewegungen und gebirgsbildenden Vorgänge zu den e.V.

exogene Vorgänge (Seite 90)
Prozesse, die durch Kräfte hervorgerufen werden, die von außen auf die Erdoberfläche einwirken und auf der Wirkung der Schwerkraft sowie der aus der Sonnenstrahlung stammenden Energie beruhen. Dazu gehören Bodenbildung und Verwitterung, Massenbewegungen, die Arbeit der Flüsse und der Gletscher, der Meeresbrandung und des Windes.

Flächennutzungsplan (FNP) (Seite 70)
Im Flächennutzungsplan wird für das gesamte Gemeindegebiet die voraussichtliche Flächennutzung in den Grundzügen dargestellt. Die Erstellung eines Flächennutzungsplans ist Teil der → Bauleitplanung.

Flurbereinigung (Seite 46)
Oftmals bestand früher der Besitz eines Landwirts aus vielen kleinen Feldern, die weit verstreut in der Feldflur lagen. Durch Zusammenlegung vieler kleiner Felder zu einem großen Feld wurde die Arbeit des Bauern sehr erleichtert. Das Zusammenlegen der Felder zu größeren Ackerflächen bezeichnet man als Flurbereinigung – manchmal wurden dann auch gleich neue Wege mit angelegt.

Flussbegradigung (Seite 46)
Durchstechen von Flussmäandern zu Schifffahrtszwecken (Vertiefung und Begradigung). Zudem erhofft man sich durch die Festlegung des Flussbettes die Vermeidung von Überschwemmungen. Jahre bzw. Jahrzehnte nach der F. stellen sich zumeist negative Folgen ein, die Folgearbeiten erfordern.

Geofaktor (Seite 10)
sehr allgemeine Bezeichnung für geographische Sachverhalte, die in ihrer Wechselwirkung die charakteristischen Merkmale der einzelnen geographischen Regionen und Landschaften bestimmen. Darunter fallen bestimmte Erscheinungen des Klimas, des Wassers auf der Erde, der Böden, der Tier- und Pflanzenwelt (Bios) sowie des Reliefs und des geologischen Baus. Überwiegend werden unter dem Begriff G. nur die von der Natur vorgegebenen und bestimmten Landschaftsfaktoren verstanden, gelegentlich jedoch auch die Faktoren, die in der Landschaft vom Menschen geschaffen worden sind.

Klima (Seite 8)
Das Klima eines Ortes ergibt sich aus den langjährigen Durchschnittswerten der Merkmale des → Wetters. Viele Gebiete der Erde haben ähnliche Durchschnittswerte und daher ähnliche Klimate. Man spricht unter anderem von Wüstenklima, Mittelmeerklima oder Polarklima.

Kulturlandschaft (Seite 6)
anthropogen geprägte Landschaft; die K. entsteht durch die dauerhafte Beeinflussung, insbesondere auch durch die wirtschaftliche und siedlungsmäßige Nutzung, der ursprünglichen Naturlandschaft durch die menschliche Gesellschaft.

Landesentwicklungsplan LEP (Seite 68)
verbindliche Grundlage für alle raumordnerischen und strukturellen Entscheidungen. Der LEP stellt ein Gesamtkonzept für die raumordnerische Entwicklung eines Bundeslandes dar. Angestrebt wird eine geordnete räumliche und regionale Entwicklung des Landes, eingebunden in das vereinte Deutschland und in die Europäische Union.

Landschaftspflege (Seite 54)
Die L. ist eine forschende, planerische und pflegerische Disziplin. Sie wirkt mit Erhaltungs- und Schutzmaßnahmen in der „freien Landschaft", also außerhalb des bebauten Gebietes. Die Landschaft wird vor Landschaftsschäden geschützt, gepflegt und entwickelt, um den Bedürfnissen des Menschen gerecht zu werden. Eingetretene Schädigungen werden durch die L. wieder ausgeglichen oder beseitigt. Die Landwirte sind an der Landschaftspflege beteiligt.

magmatisches Gestein (Seite 101)
Gesteine, die durch Erstarrung von Lava bzw. Magma an der Erdoberfläche bzw. in der Erdkruste entstehen.

metamorphes Gestein (Seite 101)
aus → Sedimentgesteinen und → magmatischen Gesteinen unter hohem Druck und hoher Temperatur innerhalb der Erdkruste entstandene Gesteine.

Minilexikon

ökologischer Landbau (Seite 54)
Art der Landwirtschaft, bei der auf die Verwendung von Mineraldünger und chemischen Pflanzenschutzmitteln wie auch auf die Erzielung von Höchsterträgen verzichtet wird. Ziel ist, die Umwelt zu schonen und so wenig wie möglich belastete Lebensmittel zu erzeugen.

Planfeststellungsbeschluss (Seite 52)
Planungsabschnitt, der ein Planungsvorhaben abschließt. Während des vorangegangenen Planfeststellungsverfahrens können alle betroffenen Behörden und Bürger im Rahmen der Bürgerbeteiligung Stellung nehmen, Anregungen geben oder Einsprüche erheben.

Raumordnung (Seite 66)
Tätigkeit staatlicher Stellen, die Zielvorstellungen zur Gestaltung des Raumes (bzw. von Teilräumen) formulieren und Maßnahmen zur Verwirklichung dieser Ziele ergreifen. Zur planmäßigen Gestaltung des Raumes gehört u.a. die räumliche Ordnung von Wohngebäuden, Wirtschaftseinrichtungen und der Infrastruktur auf der Grundlage der Naturausstattung und unter Beachtung des Schutzes der Umwelt und der natürlichen Ressourcen. Oberstes Ziel der R. in Deutschland ist die Schaffung etwa gleicher Lebensbedingungen in allen Landesteilen.

Raumordnungsgesetz (Seite 66)
Die Raumordnungsgesetzgebung ist in Deutschland der Rahmen, in dem die großräumig konzipierten landesplanerischen Ziele formuliert und entsprechende Leitbilder festgehalten sind. Das Raumordnungsgesetz (ROG) fasst die Raumordnungsgesetzgebung zusammen und regelt die organisatorische Zuständigkeit sowie die materiellen Ziele und Inhalte der Raumordnung bundesweit.

Raumordnungsverfahren (Seite 72)
förmliche Prüfung eines raumbedeutsamen Vorhabens auf seine Übereinstimmung mit den Erfordernissen der Raumordnung und Abstimmung mit Vorhaben anderer Planungsträger. Das R. mündet in eine Beurteilung von Einzelvorhaben aus landesplanerischer Sicht (Bedenklichkeits- bzw. Unbedenklichkeitsfeststellung). Das R. ist kein Genehmigungsverfahren.

Renaturierung (Seite 48)
Rückführung von → Kulturlandschaften in einen naturnahen Zustand.

Schichtstufe (Seite 90)
Geländestufe im Bereich flachlagernder Gesteine. Die Stufe ist an widerständiges, aufliegendes Gestein gebunden, während der Stufenunterhang aus weniger widerständigem Gestein besteht.

Sedimentgestein (Seite 101)
Gestein, das aus der mechanischen oder chemischen Zersetzung verschiedener Ausgangsmaterialien entsteht. Zumeist weist es eine Schichtung auf. Sedimentgesteine können als Lockergestein (z.B. Sand) oder Festgestein (z.B. Sandstein) auftreten. Auch Kohle und Erdöl gehören zu dieser Gesteinsgruppe (= biogene Sedimente).

Stadtökologie (Seite 98)
Die S. untersucht die Ökosysteme im Lebensraum Stadt. Da dieser Lebensraum von Menschen geprägt ist, finden sich dort ganz besondere Wechselwirkungen zwischen den Menschen, Tieren, Pflanzen und ihrer unbelebten Umwelt wie zum Beispiel Klima und Boden. Ein Ziel der S. ist es, durch den Schutz der Umwelt die Lebensbedingungen in der Stadt dauerhaft zu verbessern.

Strukturwandel (Seite 98)
Um wirtschaftlichen Krisen vorzubeugen, strebt man eine möglichst vielseitige Wirtschaftsstruktur an. Die Umstellung einer einseitigen Wirtschaftsstruktur auf eine Wirtschaft, die von vielen Branchen getragen wird, nennt man Struktur-wandel. In der Landwirtschaft ist der Strukturwandel durch → Flurbereinigung und Veränderung der Dörfer zu Wohngemeinden oder Fremdenverkehrsorten gekennzeichnet.

Treibhauseffekt (Seite 24)
Der natürliche Treibhauseffekt verhindert, dass sich die Erde zu stark abkühlt. Die → Atmosphäre lässt die Strahlung der Sonne zur Erde durch. Die von der Erde zurückgestrahlte Wärme wird von der Atmosphäre jedoch zurückgehalten wie beim Glasdach eines Treibhauses und wiederum zur Erde zurückgeworfen. Der Treibhauseffekt wird vom Menschen dadurch verstärkt, dass zum Beispiel bei Verbrennungsvorgängen Kohlendioxid in die Atmosphäre entweicht. Die Folge kann eine weltweite Zunahme der Temperaturen auf der Erde sein.

Troposphäre (Seite 17)
Die unterste Schicht der → Atmosphäre wird so genannt.

Wetter (Seite 16)
Darunter versteht man das Zusammenwirken von Temperatur, Luftdruck, Wind, Bewölkung und Niederschlag zu einem bestimmten Zeitpunkt an einem bestimmten Ort. Man beobachtet und misst das Wetter in den Wetterstationen. Das Wetter ändert sich bei uns nahezu täglich.

Zyklone (Seite 20)
Ein wanderndes Tiefdruckgebiet. An seiner Vorderseite (Warmfront) gleitet warme auf kalte Luft auf. Dabei kommt es zu langanhaltenden Niederschlägen. Nach dem Warmsektor folgt die Kaltfront. Sie schiebt sich wie eine Schaufel unter die warme Luft, hebt diese nach oben, und es kommt zu starken Regenschauern bei gleichzeitiger Abkühlung.

Operatorenverzeichnis und Bildnachweis

Diese Übersicht soll dich nochmals mit den wichtigsten Operatoren vertraut machen. Unter Operatoren werden ganz allgemein Arbeits- bzw. Handlungsanweisungen verstanden. Sie geben an, auf welche Weise und in welchem Umfang gestellt Aufgaben gelöst werden sollen. Somit findest du diese Operatoren auch in den Aufgabenstellungen dieses Bandes wieder.

Die am häufigsten verwendeten Operatoren sind:

Nennen:	Sachverhalte werden ohne nähere Erläuterung aufgezählt, aufgelistet oder benannt
Definieren:	exakte inhaltliche Wiedergabe von Sachverhalten und Begriffen; Umschreibung eines Begriffes
Darstellen:	umfassende Wiedergabe und Veranschaulichung eines Sachverhaltes mit Hilfe einer Skizze, eines Textes oder einer Tabelle
Beschreiben:	umfassendes Berichten über einen Sachverhalt mit genauen Angaben durch Einbeziehen vorgegebener Materialien
Erläutern:	genaue Beschreibung und komplexe Veranschaulichung eines Sachverhaltes mit Verdeutlichung von Beziehungen
Erklären:	Erfassen und Verdeutlichen von Erscheinungen und Prozessen
Skizzieren:	Verdeutlichen des Wesentlichen eines Sachverhaltes
Kennzeichnen:	Beschreibung von Sachverhalten nach bestimmten Gesichtspunkten, wobei das Typische herausgestellt wird
Vergleichen:	Herausarbeitung von Gemeinsamkeiten und Unterschieden unter verschiedenen Gesichtspunkten
Begründen:	Bestätigung einer Aussage durch Angabe von Ursachen und Gründen
Erarbeiten:	Entwicklung von Konzepten und Darstellungen zur Verdeutlichung bestimmter Strukturen
Diskutieren:	Entwicklung eigener Gedanken zu bestimmten Problemstellungen
Bewerten:	Stellungnahme zu bestimmten Problemen und Sachverhalten unter Einbezug der eigenen Meinung
Zuordnen:	Eingliedern einzelner Sachverhalte in größere Zusammenhänge
Gliedern:	Sachverhalte werden in eine vorgegebene oder selbst gewählte Reihenfolge bzw. logische Ordnung gebracht
Anwenden:	vorhandene Kenntnisse werden auf einen anderen Sachverhalt übertragen und dabei kritisch verglichen
Beurteilen:	Prüfung einer Behauptung, Treffen von Aussagen über Richtigkeit, Wahrscheinlichkeit und Anwendbarkeit eines Sachverhaltes
Stellung nehmen:	Äußerung der eigenen Meinung zu einem Sachverhalt

Anders, U., Braunschweig: 36.1 alle;
Arend, J., Hamburg: 101 (Gesteine);
Bavaria, Gauting: 27.3 o.li. (Schmied);
Bølstad, T., N-Oslo: 27.3 u.li.;
Breinbauer, A., A-Wien: 66.1, 71.3 o.,u.;
Bricks, F., Nordhausen: 108.2;
Christoph & Friends, Essen: 17.5 (Morrow), 84.2;
Daimler Chrysler AG, Stuttgart: 84.3;
Das Luftbild-Archiv, Kasseburg: 86/87;
Deges, Berlin: 60.1;
Demmrich, A., Berlin: 33.2;
Deutsche Lufthansa AG, Frankfurt/Main: 62.1 o.li.;
dpa, Frankfurt/Main: 41 beide o. (Thomas);
Eck, T., Berlin: 6.1/2, 61.4, 108.4;
Falke Fotofachlabor, Erfurt: 83.2;
Fleischer, R., Berlin: 106.1;
Flughafen Frankfurt: 62.1 o.re.,u.;
Flughafen Halle/Leipzig GmbH, Leipzig: 58.2;
Fotoatelier Federau, Hamburg: 4/5;
Fotostudio Druwe+Polastri, Weddel: 102.1;
Fuchs, M., Arnsdorf: 51 o. (Schwarz), 51 m.;
Gerber, W., Leipzig: 88.1 u.;
Greenpeace, Hamburg: 84.1 (Gleizes);
Griese, D., Hannover: 7;
Haitzinger, H., München: 14.1, 47.3;
Heitefuß, D., Braunschweig: 64/65;

IFA, München: 8.2 (Kanzler);
Klaer, W., Mainz: 13 2.v.li., 13 2.v.re.;
Kühne, A., Leipzig: 60.2;
Lade Fotoagentur, Frankfurt: 9.4 (Morell);
Luftbild-Service Büschel, Schlema: 45.4;
Mairs Geographischer Verlag, Ostfildern: 78.1;
Mauritius, Mittenwald: 8.3 (Hubatka), 12 1.v.li. (Meissner), 12 3.v.li. (Meyer), 57.2 (Wiede), 108.3;
Okapia-Bildarchiv, Frankfurt/Main: 14.2;
Pandis Media, München: 27.3 m.;
Pohle, P., Gießen: 34.3;
Prof. Bechart & Partner, Ingenieurbüro für Bauwesen, Schleiz-Gäfenwarth: 79.2;
Ramm, H., Ilmenau: 52.2, 53.4, 95.7,8;
Reuters, Berlin: 35.4;
Ries, J.B., Frankfurt: 9.5;
Rittmannsperger, Erfurt: 81.4,5;
Rößner, K., Passau: 100.1;
Rother, K., Passau: 12 1+2 v.re.;
Schönauer-Kornek, Wolfenbüttel: 108 m.;
Silvestris, Kastl/Obb.: 14.3;
Stadt Erfurt, Erfurt: 80.3;
Stritzel, F., Nordhausen: 44.2, 73.2, 74.1, 93.3, 100.2,3, 108.1;
Thaler, U., Leipzig: 88.1 o.;
The Image Bank, München: Titelbild;

VEAG, Berlin: 52.3;
Wienrich, B., Nordhausen: 55.3+4, 56.1;
Wildlife, Hamburg: 75.3;
Wismut GmbH, Chemnitz: 42.1, 43.2;
zefa visual media, Hamburg: 13 1.v.li. (Goebel), 13 3.v.li. (Eugen), 13 1.v.re. (Teuffen);
Zentralbild, Berlin: 40/41;

Folgende Autorinnen und Autoren waren an diesem Buchprojekt weiterhin beteiligt:

Wolfgang Gerber, Jürgen Heller, Uwe Hofemeister, Reinhard Hoffmann, Wolfgang List, Dietrich Strohbach, Walter Weidner.